한 그루 나무를 심으면 천 개의 복이 온다

한 그루
나무를 심으면
천 개의 복이 온다

오기출 지음

사우

프 · 롤 · 로 · 그

타미르 남매 구하기

유엔 사막화방지협약 사무총장이 연단에서 '푸른아시아'를 호명하는 순간 우레 같은 박수가 터져나왔다. 수백 명의 시선이 일제히 나를 향했다. 나는 유엔 '생명의 토지상' 최고상 수락 연설을 하기 위해 자리에서 일어섰다. 2015년 6월 17일 사막화 방지의 날 행사에 참석한 유엔 관계자들과 세계은행 관계자들, 유럽과 아프리카 대표들, 세계 유수의 언론이 지켜보고 있었다. 그 순간 내 머릿속에 오래전 보았던 광경이 선명하게 떠올랐다.

10년 전 몽골의 수도 울란바토르에 있는 한 쓰레기 매립장을 방문했을 때였다. 성냥을 그으면 공중에서 화르르 타버릴 것처럼 사방이 건조했다. 쓰레기를 가득 실은 차가 뒤꽁무니에 뿌연 먼지구름을 매단 채 쉴 새 없이 오가고, 한쪽에서는 매캐한 연기가 피어올랐다. 나는 마스크를 쓰고도 목이 따가워서 연신 기침을 해댔다. 주변에는 재활용 쓰레기를 줍는 아이들이 마스크는커녕 신발도 제대로 신지 않은 채 왁자지껄 몰려다녔다.

트럭이 거대한 쓰레기 더미를 쏟아놓고 떠나자 아이들은 그 위로 재빠르게 기어올라서 값나가는 고철과 폐지, 공병을 주워들었다. 이

마저도 먼저 차지하는 쪽은 10대 아이들이었다. 거기에 끼지 못한 더 어린 아이들은 주변을 서성대다가 저 멀리 쓰레기차가 들어오면 그 뒤를 쫓아서 우르르 달려갔다. 차가 언덕을 오르며 잠시 속도를 늦추었을 때 아이들 몇 명이 차 위로 뛰어올랐다. 차에 실린 쓰레기를 누구보다 먼저 집어들기 위해서였다. 위험천만한 순간이었다.

저만치 쓰레기차가 멈추고 쿵 소리와 함께 적재함이 뒤로 넘어 갔다. 쓰레기가 우르르 쏟아지면서 금세 작은 언덕이 생겨났다. 그때 갑자기 여자아이 하나가 비명에 가까운 소리로 누군가를 애타게 불렀다. 100미터 남짓 떨어진 곳에 서 있던 나에게까지 '타미르!'라는 이름이 선명하게 들렸다. 뭔가 사달이 난 것은 아닐까? 끔찍한 상상이 머릿속을 스쳐 지나갔다. 듣기로는 간혹 부주의한 운전기사가 아이들을 보지 못하고 그대로 쓰레기를 쏟아낸다고 했다. 이때 아이들도 함께 버려진다. 더 끔찍한 것은, 아이들이 그렇게 쓰레기 더미 속에 파묻혀 죽었는데도 외부에 알려지지 않는다는 사실이었다.

아이는 계속 큰 소리로 '타미르'를 부르며 쓰레기산 주변을 맴돌았다. 나도 모르게 허겁지겁 쫓아갔다. 쓰레기 더미로 가려져 있던 모퉁이를 돌아가자, 여자아이가 대여섯 살짜리 아이를 붙들고 야단을 치는 모습이 눈에 들어왔다. 다행히 동생 타미르는 무사한 모양이었다. 양손에 든 공병을 연신 흔들며 방싯 웃고 있었다. 죽음을 알기에는 너무 어리고 천진난만한 걸까. 불과 몇 미터 떨어지지 않은 곳에서 또래 아이들이 쓰레기차 뒤꽁무니를 따라가며 적재함 위로 아슬아슬하게 기어오르고 있었다.

타미르의 가족은 몽골 남부 초원에서 유목생활을 하다가 가축이 죽는 바람에 지난겨울 울란바토르로 왔다고 한다. 그들처럼 도시로 떠밀려온 유목민들은 대부분 쓰레기 매립장 주변에 정착한다. 특히 울란바토르 성긴하이루한이라는 지역에 많이 모여 사는데, 이 지역 주민 20만 명 중 무려 10만 명이 환경 난민이다. 몽골 정부는 이들을 불법 이주민으로 규정하고 수돗물과 전기를 공급하지 않는다.

남매의 아버지는 갑자기 난민 신세가 되어버린 현실을 견딜 수 없어 늘 술에 취해 있다고 했다. 그들이 살던 남쪽 초원에서는 아침이면 가축의 젖을 짜서 먹었지만, 도시에서는 우유를 사먹어야 한다. 우유 살 돈을 벌지 못하면 굶는 수밖에 없다. 그래서 아이들은 매일 학교 대신 쓰레기 매립장으로 향한다.

누구라도 그 아이들의 현실을 보고 외면할 수는 없을 것이다. 아이들을 돕기 위해 당장 지갑을 열거나 기부 프로그램의 ARS 후원 전화를 돌린다. 물론 배고픈 아이들에게 당장 후원금을 보내는 것도 필요한 일이다. 하지만 근본적인 해결책은 아니다.

이처럼 몽골 유목민들이 극단적인 빈곤과 위험으로 내몰린 이유는 무엇인가. 삶의 터전이 사라졌기 때문이다. 조상 대대로 살아온 땅이 사막화되고 삶의 터전인 초원이 사라지면서 이들은 도시로 떠날 수밖에 없었다. 즉 문제의 원인은 기후 변화로 인한 사막화다. 기후 변화는 산업화 이후 성장해온 자본주의 문명의 결과물이다. 그럼에도 불구하고 그 폐해가 하필이면 산업화와는 거리가 먼 제3

세계에서 고스란히 드러나고 있다.

그런 점에서 우리는 그 아이들을 쓰레기 매립장으로 내몬 장본인이라는 혐의에서 결코 자유롭지 않다. 수많은 전자제품에 둘러싸여 편리한 생활을 누리고, 자동차를 굴리고, 날마다 새로운 물건을 사서 쓰고 쓰레기를 만들어내는 '탄소사회'의 일원이라는 사실만으로 말이다. 따라서 타미르 남매를 위험천만한 쓰레기 매립장에서 구해내야 할 의무는 우리 모두에게 있다.

그날 이후 "당신은 왜 기후 변화 현장에 뛰어들었는가"라는 질문을 받을 때마다 나는 늘 그 아이들이 생각난다. '생명의 토지상' 수락 연설 자리에서 타미르 남매가 떠오른 것도 이런 이유에서였다.

기후 변화와 지구 온난화를 해결하는 것은 지구와 인류를 지키는 거창한 문제만은 아닐 것이다. 그것은 마을의 풀과 나무를 살리는 일이고, 어린아이가 아침을 굶지 않고 위험에 내몰리지 않게 하는 일이며, 성실한 가장이 술에 취하지 않고 일상을 살아갈 수 있게 하는 일이다. 또 아이와 엄마가 함께 따뜻한 잠자리에 들 수 있게 하는 일이다. 목숨을 걸고 쓰레기차에 오르는 아이들을 지키기 위해서는 사막화된 땅을 되살려서 사람이 살 수 있는 곳으로 만들어야 한다. 그것이 바로 수천 수만 명의 '타미르 남매'를 구하는 일이며, 지구를 구하는 일의 작은 걸음이 아니겠는가.

그러기 위해서 우리는 많은 질문을 던져야 한다. 기후 변화는 어디까지 와 있는가? 인류는 무엇을 할 수 있는가? 그리고 지금 당장 무엇을 해야 하는가?

평소에 전등 하나 허투루 켜지 않는 작은 노력도 지구를 살리는 '위대한 책임감'의 실천이다. 하지만 그것만으로는 기후 변화라는 거대한 흐름을 멈추게 할 수 없다. 기후 변화를 일으킨 주된 원인이 단지 우리 개개인이 전등을 켜고 에어컨을 틀고 자동차를 모는 데 있지 않기 때문이다.

그런데도 기후 변화의 원인을 개인의 책임으로 돌리면서 개인이 각성해서 실천해야 한다고 주장하는 사람들이 있다. 석탄화력발전소를 이용해서 거대한 공장을 운영하고 이윤을 챙기는 기업들, 그리고 이들을 비호해온 정치인과 법률가들, 기업에게 면죄부를 주고 평범한 시민에게만 윤리적 부담을 떠안기는 이론가들, 대량생산 대량소비를 찬미하면서 소비를 충동질하는 미디어 등등······.

이제 새로운 질문을 해야 할 때다. 과연 타미르 남매를 쓰레기 더미 속으로 내몬 진짜 범인은 누구인가?

좋은 질문은 답을 바꾸기도 한다.

전쟁 난민은 전쟁이 끝나면 집으로 돌아갈 수 있다.
그렇지만 환경 난민은 환경 악화로
삶의 기반을 잃어버렸기 때문에 돌아갈 집이 없다.

1. 사막화로 몽골의 초원이 사라지면서 초속 20~40미터의 모래폭풍이 마을을 덮친다.

2. 서울의 절반 크기에 달하는 몽골 남부의 거대한 울란 호수. 그러나 바짝 말라버려 물이 한 방울도 없다.

3. 초원을 떠난 이들이 도시에서 쓰레기장을 뒤지며 난민 생활을 하고 있다.

4. 몽골 수도 울란바토르에는 사막화된 초원을 버리고 떠나온 환경 난민들이 형성한 게르촌이 곳곳에 자리 잡고 있다.

1. 환경 난민으로 떠돌던 주민들이 고향으로 돌아와 나무를 심고 가꾸며 건강한 생활인으로 살아가고 있다.

2. 3. 주민들이 메마른 땅에 나무를 심기 위해 구덩이를 파고 물을 주고 있다.

4. 사막화된 몽골의 현실을 알리기 위해 시작한 몽골 에코투어. 한국 참가자들과 몽골 대학생 자원봉사자가 나무에 물을 주는 모습

5. 10년 전, 쥐만 들락거리던 모래땅에 나무를 심고 있는 모습

1. 푸른아시아가 몽골 바얀누르에 조성한 조림지.
2. 나무를 심은 곳과 심지 않은 곳이 울타리를 중심으로 선명하게 차이가 난다.
3. 몽골 전통식 허르헉
4. 나무를 심고 가꾸자 열매라는 보상이 돌아왔다. 비타민나무라고 불리는 차차르칸 열매는 몽골 주민들에게 수익을 안겨주고 있다.

1. 탐스럽게 열린 비타민나무 앞에서 웃음짓고 있는 몽골 주민
2. 에코투어 참가자들이 나무를 심고 있다.
3. 에코투어 참가자들이 자신의 소원과 염원을 담아 나무 명패를 달고 있다.
   몽골 속담에 '천 번 바람에 흔들리면 소원이 이루어진다'라는 말이 있다.
4. 나무를 심기 전 황폐한 모습과 8년 후 달라진 모습

1. 사막화된 땅에 나무를 심어 숲이 생기자 모래폭풍이 사라졌고, 떠났던 주민들이 돌아왔다.

2. 수확의 기쁨을 그 무엇에 비하랴.

3. 몽골 주민들과 푸른아시아 활동가가 함께하는 교육 시간.

4. 에코투어 참가자가 나무에 물을 주고 있다. 심어놓고 방치하면 죽어버리지만 정성껏 돌봐주면 싱싱하게 자란다.

© K-water 예호섭

1. 2. '기후 변화 전시장'이라 불리는 미얀마. 주민들이 푸른아시아와 함께 사막화된 땅을 살리기 위해 나무를 심고 있다.

3. 장작을 때서 요리를 하는 미얀마 주민들에게 개량 화덕 사용법을 교육하고 보급했다.

4. 개량 화덕으로 요리하는 모습

5. 미얀마 에코투어 참가자들이 나무를 심고 있다.

1. 미얀마 에코투어 참가자들과 주민들이 즐거운 시간을 보내고 있다.
2. 나무는 사람을 살리고 마을을 살리고 지구를 살린다.
3. 이 땅도 머지않아 다양한 생태계가 되살아날 것이다.
4. 미얀마 기후 변화 피해 지역 주민들이 주민회의에 참석해 진지하게
   논의를 하고 있다.

2장 모든 문제 뒤에는 기후 변화가 있다

3장 새로운 전쟁이 시작됐다

4장 마을이 지구를 살린다

1장

////////

뜨거워지는 지구,
밥상이 달라지고 있다

////////

여기 우리 집은
안전한가

거대한 호수가 갑자기 사라진 사건

"이상하군요. 분명 이쯤에서 호수가 보여야 하는데…… 아무래도 길을 잃은 것 같습니다."

하울렌벡 박사는 아까부터 울란 호수에 다 왔다고 열 번도 더 얘기하더니, 이제는 호수가 보이지 않는다며 난감해했다. 차창 밖을 둘러보아도 호수는커녕 물웅덩이 하나 보이지 않았다.

2007년 2월 하순, 영하 20도(이 책에서는 모두 섭씨 온도다.)에 육박하는 추위 속에서 몽골 남부에 있는 가장 큰 호수인 울란 호수를 조사하기 위해 가는 중이었다. 같은 곳을 세 번째 돌고 있다는 것을 깨달고 나서야 차를 세웠다. 동행했던 몽골 지리생태연구소의 하울렌벡 박사는 지금까지 이곳에 수차례 왔지만 이런 적은 처음이라며 당혹스러워했다.

그는 자동차 뒷좌석에서 지도를 가져와서 GPS로 위치를 확인했다. 잠시 후 믿기지 않는다는 표정으로 나를 바라보았다. GPS는 위태롭게 깜빡이며 우리가 서 있는 곳을 표시하고 있었고, 지도상에서 그곳은 놀랍게도 울란 호수의 한가운데였다. 그제야 우리가 있는 곳이 바로 울란 호수 한복판이고, 호수가 바짝 말라버려 물이 한 방울도 없다는 사실을 확인했다. 인적이 끊기고 나무와 풀도 없이 황량한 지역을 한 시간째 헤매다 보니 마치 귀신에 홀린 기분이었다. 공포영화보다 더 으스스한 상황에서 모골이 송연해진 순간에도 지도 속의 울란 호수는 파란 물빛으로 찰랑거리고 있었다.

평균 수심 5미터, 면적 325제곱킬로미터. 서울의 절반 크기에 가까운 거대한 호수가 흔적도 없이 사라졌다. 5년 전까지만 해도 이 호수 주변에는 사람 키보다 더 큰 갈대숲이 끝이 없었고, 그 안에 다양한 새와 동물이 둥지를 틀었으며, 인근에는 유목민 3000여 명이 가축을 키우며 살고 있었다. 하지만 호수가 말라붙고 갈대숲이 사라진 지금, 그 많던 식생과 먹이사슬과 강인한 사람들이 살던 삶의 터전은 어디에도 없다. 그들은 다 어디로 갔을까? 우리처럼 길을 잃고 어딘가에서 헤매고 있을까?

지난 20년 동안 몽골에서는 1166개의 호수와 887개의 강, 2096개의 샘이 사라졌다. 기후 변화가 더 진행되면 앞으로 더 많은 호수와 강과 샘이 말라붙을 것이다. 그리고 그 호수와 강과 샘에 깃들여 살던 모든 생명체는 울란 호수에서처럼 길을 잃거나 생명을 잃게 될 것이다.

과연 이것이 머나먼 나라 몽골의 이야기일 뿐일까? 믿기 어렵겠지만 우리 주변에서도 이미 집을 잃은 생태계가 이삿짐을 싸서 빠르게 북쪽으로 이동하는 중이다.

나는 과일 중에서 특히 사과를 좋아한다. 대구 사과는 아삭하고 달콤한 맛이 일품이다. 그런데 한반도가 점점 더워지면서 사과의 본고장으로 알려진 대구에서 사과를 재배하기 어렵게 되었다. 이제 사과 재배지가 충청도나 경기 북부, 강원도 지역으로 한참 밀려올라갔다. 사과는 온대성 과일이라서 연중 60일 이상 7도 이하를 유지해야 꽃이 핀다. 이 추세로 점점 북쪽으로 밀려올라가면 어떻게 될까? 20년 후쯤에는 강원도 일부 지역에서만 재배가 가능해지고, 30년쯤 후에는 아예 우리 땅에서 키운 사과를 맛볼 수 없을지도 모른다.

사과만이 아니다. 복숭아, 배, 포도 등 각종 농작물의 재배 지형도가 20~30년 전과 크게 달라졌다. 자연히 지역별 대표 작물도 과거 사회시간에 배웠던 것과는 확연히 다르다. 각 지역의 자치단체는 지역에 맞는 대체 작물을 찾아내는 일이 매우 시급한 상황이다. 지구 온난화로 작물의 북방한계선과 남방한계선이 모두 북상하면서 지역별 대표 작물의 대이동이 한창 진행 중이다.

그런가 하면 아열대성 과일을 우리나라 중부 지방에서 재배하게 되었다. 감귤도 오랫동안 제주도에서만 재배되었으나, 지금은 전라남도와 경상남도 지역에서도 자라고 있다. 2050년경에는 충청권에서도 감귤의 노지 재배가 가능할 것이라는 전망이다. 그뿐만이 아니다. 대표적인 아열대 작물인 망고는 얼마 전까지 전라남도 고흥의 비닐하우스에서 재배되고 있다는 얘기를 들었는데 최근에는 청주에서도 재배되고 있다고 한다. 또 부산에서는 파파야와 구아바가 재배되고 있다.

지금 한반도에서는 과거에 한 번도 겪어보지 못했던 일들이 한꺼번에 벌어지고 있다. 기후 변화로 인해 나무가 죽는 바람에 산림청에서는 새로운 기후에 맞는 나무로 바꿔 심는 작업이 한창이다. 한대성 침엽수인 소나무가 대표적인 예다. 거제도에서는 소나무가 상징목이지만, 지금은 섬에서 소나무를 찾아보기 어렵다. 기온이 오르면서 소나무에 재선충이 번져서 다 죽어버렸기 때문이다. 병충해로 소나무가 죽는 현상은 거제도만이 아니라 전국 곳곳에서 발견되고 있다.

지금 한반도에서 벌어지는 생태환경 변화의 가장 큰 원인은 급격한 기온 상승이다. 산업혁명 이후 지구 전체의 평균 온도가 0.89도 상승할 때 한반도는 1.8도 상승했다. 기온이 1도 상승하면 식물종은 150킬로미터를 이동해야 한다. 오랫동안 재배하던 농작물 대신 아열대 식물이 우리 땅에서 재배되는 것이 신기해 보일 수도 있지만, 사실은 엄청난 위기에 직면해 있는 상황이다. 생태계는 논밭의 작물처럼 인위적으로 조성할 수 있는 게 아니기 때문이다. 사과, 감귤, 녹차 같은 농작물은 달라진 환경에 맞게 바꿔 심으면 어느 정도 적응할 수 있다. 그러나 바꿔 심을 수도 없고, 발이 없어 이동할 수도 없는 수많은 풀과 나무는 어떻게 될까? 거기에 깃들여 살던 벌레와 동물은 어떻게 될까?

자연환경이 변화하면 생태계도 그에 따라 적응하여 새로운 질서를 만든다. 하지만 이는 아주 천천히 변화할 때 가능한 이야기다. 지금처럼 급격한 변화가 이루어지면 생태계가 미처 따라잡지 못해 무너지고 만다. 생태계가 무너진다는 것은 그 안에 사는 야생동물과 새와 벌레, 풀과 나무가 사라진다는 의미다. 이처럼 생명이 살지 못하는 땅은 사막화가 된다. 사막화된 땅에서는 사람도 가축도 살지 못한다. 울란 호수에서처럼 말이다.

물론 생태계의 변화가 아무리 빠르게 진행된다 해도, 바쁘게 돌아가는 우리 일상에 비하면 느리게 느껴져서 위험성이 눈에 보이지 않고 피부에 와 닿지 않을 수도 있다. 하지만 그 변화가 홍수나 가뭄 같은 천재지변으로 한꺼번에 닥쳐올 때, 우리는 뒤늦은 후회를 하게 될 것이다.

가뭄과 폭우의 이중고

그해 가을부터 시작된 가뭄은 겨울이 지나고 다음 해 봄이 되어도 해갈될 기미가 보이지 않았다. 수돗물이 끊기면서 숟가락 하나

씻을 물도 없을 정도였다. 가정마다 세탁기에는 세탁물이 넘치고, 화장실을 쓸 수 없어 폐기시켰던 재래식 화장실을 다시 사용하고, 20일 넘게 머리를 감지 못한 채 출근하고, 아침에는 밥할 물이 없어 아이들에게 우유 한 잔 사먹여 등교시키는 불편은 그나마 감수할 만했다. 아이를 키우는 부모들에게 가장 우려스러운 일은 얼마 남지 않은 식수마저 오염되고 이로 인해 전염병이 번질 가능성이었다. 깨끗한 물을 찾아 다른 도시로 피신을 떠나는 사람들도 있었다. 게다가 가뭄이 계속되면서 지역 경제에도 피해가 속출했다. 물을 필수적으로 써야 하는 식당이나 미용실 같은 서비스 업종이 멈추기 시작했고, 축산 농가에서는 가축들 먹일 물을 감당하지 못해 수많은 소와 돼지를 도살해야 했다.•

상상하기도 겁이 나는 이 풍경은, 다른 나라 이야기가 아니다. 2009년 강원도 태백에서 실제로 일어났던 일이다. 이런 최악의 상황은 아니더라도 가뭄은 최근 들어 뉴스의 중심을 차지하고 있다. 봄과 가을에 한 번씩 겪는 계절성 가뭄도 고질적인데, 갈수록 계절과 상관없이 수시로 찾아와서 시기를 예측하기 어렵고 피해 정도도 심각해지고 있다.

갈수록 가뭄이 심해지는 가장 큰 원인은 지구 온난화다. 지구가

• KBS 〈다큐멘터리 3일〉 89회 '물과의 전쟁 – 강원도 태백 가뭄 현장 72시간', 2009년 2월 21일 방송 내용.

뜨거워지면서 땅과 바다에 있는 물이 더 많이 증발하고 식물에 저장된 물 또한 더 많이 증산되어 건조해진다. 물의 순환을 생각하면 강수량이 일정하게 유지되어야 할 것 같은데, 문제는 위도나 지형에 따라 강수량의 편차가 커지는 것이다. 그래서 어떤 지역은 가뭄이 지속되고, 다른 지역은 갑자기 폭우가 쏟아진다. 지구 기온이 상승할수록 한쪽에서는 가뭄이 더욱 심해지고, 다른 쪽에서는 폭우와 홍수의 위협이 커지게 된다.

슈퍼태풍 시나리오는 현실화될까?

2005년 8월 말 초대형 허리케인이 미국 남부 지역을 강타했다. 카트리나는 순간 최고 풍속 280킬로미터의 강풍과 폭우를 동반했다. 미국 역사상 가장 큰 재난으로 기록된 카트리나가 예년과 달리 슈퍼태풍으로 발전한 것은 멕시코만의 해수면 온도가 0.5도 상승했기 때문이다. 온도 상승이 이렇게나 위험한 것이다.

그런데 한반도는 이미 주변 해수면의 온도가 1.5도 상승했다. 실제로 2000년 이후 지속적으로 슈퍼태풍에 근접하는 태풍이 발생하고 있다. 이처럼 한반도에 기후 변화가 이미 심각한 정도로 진행 중인데도, 우리는 한국이 기후 변화로부터 안전한 나라라고 믿고 있다. 과연 이러한 기상 이변이 한반도와는 전혀 무관한 일일까? 한반도는 안전지대일까?

2007년 한국기상학회장이었던 오재호 부경대학교 교수 팀이 슈퍼태풍 시나리오를 발표했다. 시나리오는 매우 충격적이었다. 과거 우리나라를 지나는 태풍은 대부분 적도 부근에서 발생해서 동해안으로 빠져나갔다. 그런데 이 시나리오는 북위 20도, 즉 대만 근처 바다가 뜨거워지면서 태풍이 발생하게 되고, 이 태풍은 서해안으로 들어와서 한반도를 통과할 것이라고 예측했다. 그 경로가 2010년에 한반도의 중심을 덮치고 지나간 태풍 곤파스와 일치한다. 곤파스는 비교적 소형 태풍이었고 한반도에 상륙할 때는 세력이 많이 약해진 상태였다. 그럼에도 불구하고 가로수가 쓰러져 도로가 가로막히고 지하철 운행이 중단되었다.

　　시나리오에 따르면, 이 강력한 태풍은 한반도 한가운데를 관통하면서 하루에 1000밀리미터의 비와 함께 초속 60미터 이상의 강풍이 지나간다.

　　"초속 60미터의 강풍을 동반한 폭우가 쏟아지고 집채만 한 해일이 부산을 덮친다. 거대한 파도로 남해안을 지나던 수십만 톤의 대형 유조선이 가뿐하게 뒤집히고, 서울 여의도까지 물에 잠긴다. 국내 최대 규모의 소양강댐이 하루 1000밀리미터의 강우량을 견디지 못해 무너진다."

　　슈퍼태풍의 에너지는 히로시마에 떨어진 원자폭탄의 약 1만 배라고 한다. 이런 슈퍼태풍이 올 경우 인명 피해는 상상할 수조차 없을 것이다. 엄청난 강풍과 폭우는 수도권을 지나 춘천을 지나는데, 그 행로에 소양강댐이 자리하고 있다. 소양강댐은 1970년대에 하루 최대 강수량 500밀리미터를 예상하여 만들어진 모래 댐이다. 비가 최대 예상량보다 많이 와서 넘치면 댐이 붕괴할 수 있다. 만에 하나 소양강댐이 붕괴하면 물길이 걷잡을 수 없이 거세어져서 의암댐과 춘천댐을 치고 서울까지 열두 시간 만에 내려오게 된다. 서울과 같은 거대 도시에서 재해가 발생하면 도시 바깥으로 수많은 사람이 이동하기 어렵다. 따라서 수많은 이재민이 발생하는 것은 물론이고 얼마나 많은 인명 피해가 발생할지 가늠하기도 어렵다. 특히나 우리나라는 건물, 지하철, 도로, 상하수도 등등 무엇 하나 기후 변화를 대비해서 만들어진 것이 없다. 어느 날 갑자기 기후 변화가 우리를 덮칠 때 그 피해는 더욱 커질 수밖에 없다.

여기서 한 가지 짚고 넘어갈 점이 있다. 기후 변화 시나리오는 대체로 실현된다는 것이다. 한반도를 강타하는 슈퍼태풍 시나리오를 만든 과학자들은 2005년 미국 뉴올리언스를 강타한 허리케인 카트리나가 한반도에도 올 수 있다는 전제에서 출발했다. 더 충격적인 사실은 카트리나가 발생하기 3년 전에 벌써 슈퍼태풍이 뉴올리언스를 강타한다는 시나리오가 미국 기상과학자들에 의해 작성되었다는 것이다. 그 시나리오는 과학자들이 묘사한 그대로 실현되었다.

우리는 기후 변화에 너무나 취약하다. 지금 기후 변화는 우리의 예측을 이미 벗어나고 있으며, 지구가 뜨거워질수록 우리의 경험과 예측을 더 크게 배신할 것이다. 급격한 기후 변화 시기에 지금처럼 댐의 수문 조절만으로 태풍에 대비할 수 있다는 생각은 너무 순진하고 안이한 접근이다. 앞으로 기후 변화가 어떤 모습으로 우리에게 다가올지는 알 수 없다. 하지만 그 위력과 피해가 커질 것이라는 사실만은 분명하다. 따라서 기후 변화에 대한 장기적이고 체계적인 대비책이 절실하다.

생태찌개가 귀해진 이유

2010년 여름 수도권에 기록적인 폭우가 쏟아졌다. 광화문 사거리가 물에 잠기고 이순신 장군 동상 밑으로 파도가 일렁이는 사진이 SNS에 올라왔다. 때마침 휴일이라서 언론사 보도는 거의 없었다. 놀란 시민들이 SNS로 전한 소식이라 그런지 폭우에 갇힌 광화문 광경은 더욱 위태롭게 느껴졌다. 광화문 일대가 물바다로 변하는 데 걸린 시간은 단 세 시간이었다. 이날 광화문 외에도 강서구와 양천구의 저지대 등이 물바다로 변했다는 소식이 속속 전해졌으며, 서초구 우면산에서는 산사태가 발생했다.

우리가 안전하다고 믿는 도시가 얼마나 기후 변화에 취약한지, 기반시설이 얼마나 허술한지를 여실히 보여주는 장면이었다. 서울은 단시간에 쏟아진 폭우로도 도시 전체가 물에 잠겨 전기, 통신, 교통이 마비될 가능성이 높다. 집중호우와 슈퍼태풍을 감당하기에는 도시 구조와 하수도 시설이 미비하기 때문이다.

그렇다면 우리는 기후 변화에 어떻게 대처해야 할까? 한국은 '저감'과 '적응' 두 가지가 모두 필요한 상황이다. 저감 사업이란 기후 변화의 주원인인 온실가스를 줄이는 것으로, 석탄 대신 태양광이나 풍력 등 대체에너지를 사용하는 것이 그중 하나다. 적응 사업이란 기후 변화로 피해를 입은 주민들이 변화된 환경에 적응하도록 돕고, 그 땅을 다시 사람이 살 만한 땅으로 되돌리는 사업 등을 말한다. 새로운 환경에 맞는 대체 작물을 개발하거나, 가뭄과 홍수 방지 대책을 마련하는 것도 기후 변화 '적응'을 위한 노력의 하나다.

적응 사업에서 중요한 것은, 기후 변화로 생존을 위협받는 사람들의 입장에서 생각해야 한다는 점이다. 사실 도시에서는 심각한 자연 재해를 당하지 않는 이상 기후 변화로 인한 문제를 실감하지 못하는 경우가 많다. 이에 비해 땅을 일구고 바다에서 생계를 잇는 사람들은 누구보다 먼저 기후 변화를 몸으로 느끼며, 그로 인한 피해를 직접 입게 된다.

기온 상승으로 인한 변화는 바다에서도 눈에 띄게 나타나고 있다. 바닷물 온도가 상승해서 근해의 어종이 달라지고 있다. 농민뿐만 아니라 어민들도 변화된 상황에 맞게 대책이 필요한 실정이다. 이를테면 난류성 어류인 멸치는 전에는 남해에서 잡혔는데 최근에는 울릉도 근해에서 잡히고 있으며, 한류성 어류인 명태는 우리 근해에서는 씨가 말라서 거의 잡히지 않는다. 국립수산과학원이 2010년에 조사한 바에 따르면, 한반도 근해의 평균 수온은 1968년에 비해 1.29도 올랐다. 지난 100년 동안 전 세계적으로 바닷물 온도가 0.5도 상승한 것과 비교하면, 우리 바다의 수온은 세계 평균보다 2.5배 넘게 오른 셈이다.

기후 변화로 인한 피해는 농업과 어업만이 아니라 다른 업종으로 연쇄적으로 이어지게 된다. 몇 년 전만 해도 흔했던 생태찌개나 명태찜 식당이 언젠가부터 보기 어려워진 것만 봐도 알 수 있다. 명태가 가까운 바다에서 잡히지 않아 가격이 오르고, 꽁꽁 언 동태로 요리하다 보니 예전처럼 신선한 생태 맛이 안 난다. 언젠가는 모든 생선요리 식당이 비슷한 고민을 하다가 문을 닫게 될지도 모른다. 수온이 계속 상승하고, 바다 오염이 계속된다면 물고기를 잡을 수 없는 날이 생각보다 빨리 닥쳐올 수도 있다. 이것은 비단 생선요리만의 문제가 아닐 것이다.

　그러므로 기후 변화의 '적응'을 위해 전 분야에 걸쳐 장기적으로, 지금 당장 신속하게 변화가 이루어져야 한다.

기후 문제는
국경이 따로 없다

미세먼지, 생각보다 치명적이다

요즘 황사와 미세먼지는 계절이 따로 없다. 몇 년 전 '가을 황사'라는 말에 경악했는데, 최근에는 '여름 황사'까지 생겼다. 얼음이 녹는 초봄에 며칠 몰려왔다가 마른땅이 물을 머금고 초목이 자라기 시작하면 언제 그랬냐는 듯 말끔히 사라지던 옛날식 황사가 오히려 그리울 정도다. 365일 미세먼지(혹은 오염황사) 예보에 촉각을 곤두세워야 하고, 한여름에도 마스크 쓴 사람들의 모습이 낯설지 않은 것을 보면, 우리가 가장 쉽게 체감하는 기후 변화 현상이 바로 미세먼지인 듯하다.

황사와 미세먼지의 피해는 일반적으로 알려진 것보다 훨씬 더 심각하다. 2015년 4월에 발표한 한 연구*에 따르면 수도권에 사는 30세 이상 성인 가운데 한 해 1만 5000여 명이 미세먼지 등 대기오염의 영향으로 조기에 사망하는 것으로 드러났다. 이는 전체 사망자의 15.9퍼센트에 해당하는 수치다.

실제로 2010년에 미세먼지로 병원에서 치료를 받은 사람을 조사해보니, 호흡기 질환 1만 2511명, 심혈관계 질환 1만 2351명, 천식 5만 5395명, 만성기관지염 2만 490명, 그리고 폐암 환자도 1403명이나 되었다. 1년 동안 수도권 성인만을 대상으로 한 결과가 이 정도이니, 전국을 대상으로 하면 그 수는 더욱 늘어날 것이다. 한국인의 자살률이 1년에 1만 명으로 OECD 국가 중 1위라고 해서 큰 사회 문제로 지적되고 있는데, 미세먼지는 이보다 더 심각하다. 이 문제가 하루 속히 개선되지 않는다면 큰 재앙으로 다가오리라는 것을 누구나 예측할 수 있다.

• 인하대학교 환경의학과 임종한 교수 팀과 아주대학교 환경공학과 김순태 교수 팀 공동 연구 논문 〈제2차 수도권 대기환경 관리 기본 계획으로 인한 대기오염 저감의 공중보건학적 영향〉.

황사, 미세먼지, 초미세먼지

우리나라에서는 상황에 따라 황사, 미세먼지, 초미세먼지 등 여러 가지 용어를 쓰는데, 이렇게 구분해서 쓰는 나라는 한국밖에 없다. 황사는 몽골에서 자연 현상으로 발생한 모래먼지이고, 미세먼지는 국내에서 발생하거나 중국에서 날아온 오염물질이라고 생각한다. 그러나 국제사회에서 공통적으로 쓰는 표현은 '미세먼지' 한 가지다.

미세먼지는 세 가지로 나눌 수 있다. 첫째는 '비산성 먼지'로 황사나 도로의 먼지처럼 비교적 입자가 굵은 것이다. 보통 PM 10이라고 표시하는데 머리카락의 7분의 1 정도 크기다. 둘째는 '에어로졸'이라고 가스로 된 물질이 있다. PM 2.5라고 표시하며 마스크를 써도 호흡기를 통해 흡수될 만큼 아주 작은 입자다. 마지막으로 우주에서 날아온 우주먼지가 있다. 여기서 PM(Particulate Matter)이란 미세먼지를 뜻한다. 모래먼지처럼 입자가 크건 가스처럼 입자가 작건 모두 '미세먼지'라고 부른다.

현재 우리나라는 황사 혹은 미세먼지가 불어오는 시간과 양에 따라 경계, 주의, 심각으로 단계를 구분하고 있다. 황사는 시간당 평균 농도 800마이크로그램으로 두 시간 이상, 미세먼지는 300마이크로그램 두 시간 이상, 초미세먼지는 180마이크로그램으로 두 시간 이상인 경우에 경보를 해주는데, 실제로는 이렇게 딱 잘라서 구분하기 어렵다. 이대로라면 오염된 먼지가 불어와도 이러한 조건에 이르지 않으면 경보를 할 수 없다. 아무 조치 없이 800마이크로그램이 될 때까지 기다렸다가 '황사가 오니 주의하세요'라고 예보를 한다는 것인데, 오염물질을 동반한 황사라는 현실을 반영하지 않은 분류다. 국민 건강 측면에서도 매우 위험한 발상이다.

또한 황사가 불어올 때 모래먼지만 날아오는 것이 아니라 주변의 오염물질까지 싣고 오기 때문에 미세먼지와 단순 황사를 구분하기도 어렵다. 그래서 황사라는 말 대신 '오염 황사'라는 말을 쓰고 있다.

그런데도 우리나라에서 이렇게 복잡하게 구분하는 데는 이유가 있다. 담당하는 정부 부처가 다르기 때문이다. 황사는 기상청에서 예보하고, 미세먼지는 한국환경공단 소관이다. 미세먼지는 국민 건강과 직결된 매우 중요한 문제이므로 용어 통일은 물론 통합적인 대책이 필요하다.

황사에 대한 오래된 오해

황사가 심한 날이면 중국 베이징의 뿌연 거리가 텔레비전 뉴스의 자료 화면으로 등장한다. 이런 영향 때문인지 최근 우리나라에 황사가 심해진 것은 전적으로 중국 때문이라고 생각하는 사람이 많다. 정말로 중국이 황사의 주범일까? 2015년 1월에서 5월 사이 우리나라에서는 오염 황사가 열다섯 번 발생했다. 같은 시기 중국에서는 모래먼지 바람이 두 번 발생했다. 나머지 열세 번은 어디에서 온 걸까?

우리나라에 불어오는 황사는 명백하게 몽골에서 시작된다. 몽골에서는 황사라는 표현 대신에 모래먼지 폭풍이라는 표현을 사용한다. 나는 몽골에서 초속 20미터에서 46미터의 모래먼지 폭풍을 자주 접했다. 몽골에서 시작된 모래먼지 폭풍이 북서풍을 타고 중국 내륙을 거쳐 한반도에 들어오는데, 오는 도중 굵은 모래입자는 아래로 떨어지고 미세한 입자만 남게 된다. 황사가 오는 길에 중국의 주요 석탄화력발전소와 공업단지가 자리 잡고 있다. 모래먼지 바람이 네이멍구, 베이징 근처의 허베이성, 텐진 등의 공업단지를 거치면서 납, 카드뮴, 다이옥신 같은 발암물질은 물론이고 어떤 때는 방사능 물질까지 묻어서 온다. 이때 모래바람 속에 섞여 있는 황산화물과 질소산화물이 서해를 넘어오면서 화학반응을 일으켜 질산칼슘, 황산화물 같은 유독물질로 변하기도 한다. 몽골의 모래바람을 미사일 운반체라고 한다면, 중국 공업지역의 오염물질은 탄두에 비유할 수 있다. 즉 미사일이 탄두를 장착하고 기상 조건이 맞으면 한반도로 날아와서 미세먼지로 터지게 된다.

2014년 4월 황사 발원지와 이동 경로를 취재하려는 국내 언론사 기자들을 안내하기 위해 동행한 적이 있다. 일행이 몽골에서 취재를 마치고 중국으로 넘어오는 비행기 안에서 황사의 이동 경로를 직접 눈으로 확인할 수 있었다. 중국의 네이멍구 상공에서 비행기 밖을 내다보았는데, 비행기 위로는 파란 하늘이 펼쳐지고, 밑으로는 누런 먼지가 자욱했다. 비행기에서 내려 네이멍구의 다라터기(達拉特旗) 공업단지에 도착하자 쓰레기 태우는 듯한 매캐한 냄새가 떠나질 않았다. 몽골에서 시작한 모래바람이 중국 공업단지의 오염물질을 싣는 과정을 직접 확인한 셈이었다.

지금 우리가 말하는 황사는 단순한 먼지나 모래가 아닌 중금속과 독성이 강한 대기 오염물질이 포함된 황사라는 것이 문제다. 2008~2011년 통계를 보면 두 종류 이상의 중금속이 포함된 황사가 거의 매년 10퍼센트씩 늘어나 2011년에는 50퍼센트를 기록하고 있다. 지금은 이보다 훨씬 더 많아져서 70퍼센트 이상이 오염 황사라고 보면 된다. 중국은 오염물질을 많이 배출하여 오염 황사를 만들기는 하지만, 황사 발생 기간만 비교한다면 몽골이 압도적으로 우세하다. 중국은 매년 황사 발생 일수가 평균 2일, 많이 발생해도 9일 정도다. 이에 비해 몽골은 1991년에 연평균 10일이었는데 20년 후인 2010년에는 연평균 48일로 다섯 배 이상 늘었고, 중국과 비교해도 스무 배가 많다.

영화 〈인터스텔라〉에서 좀처럼 잊히지 않는 장면이 있다. 지구와 인류의 종말을 보여주는 거대한 모래폭풍이 사람들이 사는 집과 마을 구석구석을 훑고 지나가면서 흙먼지를 일으키는 광경이다. 그 장면을 보면서 입 안에서 모래가 서걱거리는 느낌이 들었다. 실제 몽골의 모래폭풍도 그와 비슷하다. 300미터 이상 솟은 거대한 모래폭풍 기둥이 마을을 덮치는 모습은 마치 지구의 종말을 보는 것처럼 공포스러운 느낌마저 든다. 사막화와 모래바람은 지구가 메말라 생명력을 잃어가고 있음을 보여주는 가장 상징적인 모습이다. 이 문제를 해결하지 못하면 실제로 지구의 종말도 머지않을 것이기 때문이다.

우리나라로 불어오는 황사는 몽골 고비사막에서 시작하는 경우가 50~71퍼센트가량인데, 특히 최근 들어 이 지역에서 모래먼지 폭풍이 급증하고 있다. 몽골의 모래폭풍은 초속 20~46미터로 바람의 세기가 매우 강하다. 예전에는 바람이 불어도 이처럼 세지 않았는데, 사막화가 진행되면서 상승 기류가 형성되어 바람이 더욱 거세어지고 있다. 더 심각한 문제는, 몽골은 사막화가 진행 중이라 앞으로 바람의 세기가 더 강해지고, 기간도 길어질 것이라는 점이다. 몽골의 사막화는 몽골만이 아니라 우리의 문제이기도 하다.

국내 황사의 원인이 중국보다 몽골에 있는데, 우리는 몽골에 대해서는 과소평가하는 경향이 있다. 특히 중국은 황사나 미세먼지의 위험성을 깨닫고 문제 해결을 위해 국가적인 노력을 기울이고 있지만, 몽골은 그렇지 못하다. 몽골은 중국과 달리 자국의 황사를 해결할 능력이 없다. 이는 우리가 특별히 몽골의 황사에 더 관심을 기울여야 하는 이유이기도 하다. 오염 황사는 어느 한 나라만 노력한다고 해서 사라지지 않는다. 황사가 시작된 지점부터 지나가는 길목에 있는 모든 지역이 함께 노력해야 한다.

황사, 중국 탓이라고?

2014년 4월, 국내 언론사 기자들과 함께 중국의 대기오염 관련 최고책임자를 만났을 때 한 기자가 이런 질문을 했다.

"한국에서는 미세먼지가 중국에서 들어온다고 생각합니다. 국내 미세먼지 가운데 최소 30퍼센트, 적어도 50퍼센트는 중국에서 넘어온다고 보고 있는데, 이에 대해 어떤 대책을 가지고 있습니까?"

이 질문에 중국 측 책임자는 "미세먼지에 대해 한국과 중국이 공동 조사한 적이 있습니까?" 하고 되물었다. 아무도 대답을 못하고 머뭇거리자 그는 이렇게 말을 이었다.

"한국의 미세먼지가 중국에서 날아온 것이라고 말하는데, 우리는 공동으로 조사한 적도 없고 그 문제에 대해 협의한 적도 없습니다. 30~50퍼센트가 중국에서 비롯되었다는 근거는 무엇입니까? 그전에 한국은 미세먼지를 줄이기 위해 얼마나 노력하고 있는지부터 묻고 싶군요."

미세먼지와 오염 황사가 중국 공업단지에서 많이 날아온다는 것을 우리는 경험적으로 알지만, 양국이 공동으로 조사하여 입증한 적이 없는 한 중국이 이렇게 나와도 딱히 할 말이 없다. 뿐만 아니라 몽골이 갑자기 기온이 올라 사막화가 된 데는 중국의 책임이 크다. 하지만 중국은 이 또한 인정하지 않는다. 오히려 몽골의 모래폭풍으로 자신들이 피해를 입었다고 주장한다. 이런 상황에서 우리는 중국, 몽골과 함께 정확한 원인을 밝힐 필요가 있다.

물론 이런 노력은 법적 책임을 묻기 위해서가 아니라 국가 간의 협력을 위해서 필요하다. 언젠가 미세먼지가 심하던 해에 중국에 손해보상을 청구하자는 움직임이 있었는데, 국제법상 가능하지도 않고 바람직하지도 않다. 증명해내기도 쉽지 않을 뿐 아니라 철저히 대비하지 않으면 일본이 한국의 오염물질로 피해를 보고 있다며 소송을 제기할 수도 있다.

게다가 우리가 간과하는 중요한 사실이 있다. 국내에서 발생하는 미세먼지도 적지 않다는 것이다. 실제로 우리나라 과학자들은 한반도 밖에서 들어오는 미세먼지가 30~50퍼센트 정도일 것으로 추정하고 있다. 결국 국내에서 발생하는 양이 50~70퍼센트가량이므로 나라 안에서 발생하는 미세먼지에 대한 대책도 중요하다. 이처럼 미세먼지 문제는 국내, 국외 어느 한쪽이 아닌 모두의 노력이 필요하다.

환경국장을 고소합니다

2014년 중국 허베이성에 사는 한 시민이 환경국장을 상대로 소송을 제기했다. 미세먼지의 책임을 정부에 묻고자 재판을 청구한 것이다.

"나는 극심한 스모그와 미세먼지로 인해 큰 피해를 보았습니다. 정부가 하라는 대로 마스크도 사서 쓰고, 집에 공기청정기를 다섯 대나 설치했습니다. 최선을 다했지만 나와 우리 가족은 아직도 미세먼지와 스모그에서 벗어나지 못하고 있습니다. 왜 그럴까요? 스모그는 지금도 계속 배출되고 있어서 개인이 아무리 애를 써도 피할 수 없기 때문입니다. 우리 도시에서 스모그의 가장 큰 원인은 공장과 자동차가 내뿜는 배기가스입니다. 그렇다면 배기가스를 만드는 기업이 책임을 져야 하지만, 정작 기업은 책임을 외면하고 있습니다. 또 우리 시민들도 세금을 내고 있으므로 주거 환경에 대한 책임은 정부에게 있습니다. 따라서 나는 시민에게서 세금만 받고 미세먼지를 해결하지 않는 정부에게 책임을 묻기 위해 소송을 제기하고자 합니다. 정부 책임자인 허베이성의 환경국장을 상대로 법적 절차를 밟을 것입니다. 내가 이 소송을 제기한 것은 돈을 벌려는 목적이 아니기 때문에 내 피해가 어느 정도인지 변호사와 함께 계산해보 았습니다. 그랬더니 1만 위안(우리 돈으로 약 160만 원) 정도 되었습니다. 이에 대한 보상을 요구합니다."

상징성이 큰 사건이라 중국 신화통신과 CNN을 비롯한 외신에 크게 보도되었다. 지금도 소송이 진행 중인 이 사건에 세계의 시선 이 집중되어 있다. 만일 이 사람이 소송에서 이긴다면 같은 조건으 로 피해를 보고 있는 약 3억 명의 중국인이 보상받을 수 있다. 정부 로서는 난감한 상황이 아닐 수 없다.

그런데 소송의 당사자가 된 허베이성 환경국장은 한 술 더 떠서 "이 소송 일리가 있네"라고 반응하여 다시 한 번 화제가 되었다. 이 말인즉슨 "소송에 지면 오염을 일으킨 당사자인 기업들이 보상해줘 야 해. 당신들 책임이야"라는 무언의 의사 표현이다. 이처럼 정부는 시민의 소송에 대해 겉으로 내색은 하지 않지만 속으로는 박수치고 환영하는 분위기다. 그렇지 않아도 미세먼지를 시급히 해결해야 하 는데, 이번 소송이 기업의 책임을 공론화할 수 있는 기회라고 여기 는 듯하다. 소송은 쉽사리 결론이 나지 않고 있다. 어느 한쪽의 손 을 들어줄 경우 후폭풍을 감당할 수 없기 때문일 것이다.

우리나라에서도 이 같은 접근이 필요하다. 오염 황사가 불어오면 왜 개인들이 자기 돈을 들여 마스크를 사서 써야 하고, 효과가 있 는지 없는지도 모르는 값비싼 공기청정기를 설치해야 하는가? 정 부는 미세먼지를 만들어내는 기업을 관리하지 않고 왜 두 손 놓고 있는가? 이런 의문을 계속 제기하고 따질 필요가 있다.

　미세먼지 문제를 개인의 실천으로만 다루어서는 곤란하다. 물론 지구 온난화를 막기 위해 개인과 가정 차원에서도 노력해야 한다. 하지만 지구 온난화나 미세먼지 발생에 개인과 가정이 차지하는 비중은 생각보다 크지 않다. 2012년 11월 기후변화행동연구소가 발표한 〈시민 참여형 기후 변화 대응 활성화 방안 최종 보고〉에 따르면 가정에서 배출되는 온실가스는 전체의 10.11퍼센트다. 이것은 가정이 배출하는 직접배출과 간접배출을 포함한 양이다.

　온실가스와 미세먼지는 산업시설과 화력발전소, 자동차 배기가스가 가장 큰 원인이다. 정부와 기업은 휘발유, 디젤 같은 내연기관 자동차만 만들어 판다. 그러면서 이런 차를 사용하는 소비자에게만 책임을 묻는다면 말이 안 된다. 청정에너지를 선택할 권리도 없는 시민들에게 온실가스와 미세먼지 해결을 위해 노력하라고 하는 것이 온당한가? 눈앞의 이익만 좇아서 내연기관 자동차만 생산하고 화력발전소 건설을 멈추지 않는 기업과 국가의 책임이 가장 큰데, 이에 대해 누가 어떤 책임을 지고 있는지 묻고 싶다.

　온실가스와 미세먼지 감소를 위한 개인의 실천이 필요 없다는 말이 아니다. 지나치게 개인의 실천만 강조하다가 진짜 큰 원인을 놓치지 않기를 바랄 뿐이다. 중국의 평범한 한 시민이 정부와 기업을 상대로 소송을 제기한 데 대해 세계 언론과 환경활동가들의 관심이 쏠린 것도 개인의 실천에 앞서 구조적인 접근과 대응이 필요하다는 인식 때문이다.

미세먼지 문제는 사회경제적으로 접근해야 한다. 공기청정기도 질 좋은 마스크도 답이 아니다. 가정에서 에너지를 절약하고, 자동차를 덜 타는 것만으로는 미세먼지가 사라지지 않는다. 산업구조의 틀을 바꾸는 게 우선이다. 이에 대해서는 3장에서 자세하게 다루기로 하자.

기후 변화의 경고,
사막화

역사에 없던 재앙의 시작

지구에서 가장 메마르고 뜨겁고 광대한 땅 사하라 사막. 우리가 사는 곳이 사하라 사막처럼 무덥고 건조해진다면 어떻게 될까? 차마 상상하기도 싫은 일이 지구 어느 곳에서는 현실로 나타났다.

사하라 사막의 남쪽 주변을 사헬이라고 부르는데, 보통은 키 작은 풀과 관목이 자라는 사바나 기후 지역이다. 1967년부터 1972년 사이에 사하라 사막이 100킬로미터나 남쪽으로 내려가는 사건이 벌어졌다. 이 지역에 지독한 가뭄이 연이어 찾아오면서 땅은 사막으로 변했고, 60만 명이 굶어 죽고 가축 수백만 마리도 함께 죽어나갔다. 사헬 지역의 대규모 가뭄은 유사 이래 처음으로 발생한 일이었다. 이 지역 주민들은 대대로 유목과 농사를 하면서 살아왔다. 그런데 갑자기 닥친 가뭄으로 초원과 농토가 초토화되면서 무수한 생명이 죽어버렸다.

이때 처음 국제사회에 사막화(desertification)라는 말이 등장했다. 이전에는 '사막'은 있어도 '사막화'라는 말은 없었다. 과거 사막은 어린 왕자가 사는 낭만의 땅이거나 알라딘의 요술 램프가 감춰진 신비스러운 공간이었다. 사막화된 땅에서는 멀쩡한 사람과 동물이 하루아침에 떼죽음을 당하고 만다. 사하라 이남의 사막화는 1979~1981년에 한 번 더 진행되었고, 더욱 확대된 사막화로 인해 많은 사람과 동물이 죽어나갔다.

도대체 왜 이처럼 재앙과도 같은 가뭄이 반복되었을까? 자연의 변덕일까? 자연의 재앙이라면 왜 수천 년 동안 아무 일 없다가 바로 지금, 다른 곳이 아닌 바로 사헬에서 일어난 걸까? 중부 아프리카의 사막화 원인이 무엇인지 알아내기 위해 전 세계 최고 과학자들이 지혜를 모았다. 그 결과 인도양의 수온이 0.5도 상승하여 벌어진 일이라는 사실을 밝혀냈다. 겨우 0.5도 상승했을 뿐인데 사하라 남쪽 사헬 지역에 비가 사라지게 되었고, 비가 오지 않는 땅은 극심한 가뭄과 대기근으로 중병에 걸리게 된 것이다. 그러면 인도양의 수온이 상승한 이유는 무엇일까? 학자들이 내린 결론은 산업화 때문이라는 것이었다.

사헬 지역 사막화로 인해 중부 아프리카에 위치한 나라들은 폐허가 되었다. 소말리아, 수단, 에티오피아, 르완다 같은 나라들이다. 이 나라들은 예나 지금이나 산업화와 거리가 멀다. 자연과 지구에 가장 적은 해를 끼치며 살아온 사람들이 가장 큰 피해를 입는 아이러니한 상황이 발생한 것이다.

잔인한 내전은 가뭄에서 시작되었다

아프리카의 사막화로 인해 중부 아프리카의 여러 나라가 어려움을 겪었지만, 그중에서도 수단은 더욱 참혹했다. 가뭄으로 인한 기근과 수십 년간의 내전, 그리고 21세기 최악의 인종 학살이라 불리는 다르푸르 분쟁이 일어나 지금까지도 살육과 학살이 계속되고 있다. 다르푸르 분쟁은, 기후 문제가 얼마나 복잡하게 연결되어 있으며 극단적인 결과를 가져올 수 있는지를 보여주는 상징적인 사건이다.

수단은 사하라 사막 남쪽에서 가장 큰 나라다. 북쪽에는 대체로 아랍어를 사용하는 이슬람계 유목민이 살고, 남쪽에는 다르푸르를 포함해서 주로 기독교계 흑인 농민들이 살았다. 두 지역의 사람들은 인종도 종교도 다르고 경제활동도 이질적이지만 오랫동안 갈등 없이 살아왔다. 북쪽의 유목민들은 건기가 되면 자연스레 가축을 몰고 남쪽 목초지로 내려오곤 했다. 그러니까 정상적으로 비가 내리고 식량을 자급하던 시절에는 자유롭게 오가던 땅이었다.

그러다가 1979년부터 사헬 지역에 극심한 가뭄이 시작되면서 수단에 재앙의 그림자가 드리워지기 시작했다. 수단은 7월부터 9월까지가 우기인데 1980년대 이후에는 우기의 강우량이 40퍼센트나 감소했다. 1983년과 1984년에는 다르푸르에도 대기근이 찾아왔다.

북쪽 유목민들은 땅이 사막으로 변하자 목초지를 찾아 남쪽으로 내려갈 수밖에 없었다. 하지만 가뭄으로 인해 남쪽 경작지에서도 물이 부족해졌다. 그러자 그전까지 자유롭게 오가던 땅에 통행을 가로막는 펜스가 세워졌다. 펜스는 남쪽 목초지를 이용할 수 없게 된 북수단 유목민들과 남쪽 다르푸르 흑인 농민들 사이에 빚어진 분쟁의 씨앗이 되었다. 2003년 이곳에서 발생한 분쟁으로 인해 무려 22만 명이 죽고, 220만 명의 원주민이 600킬로미터를 걸어 이웃 나라로 넘어가야 했다.

누구나 환경 난민이 될 수 있다

조상 대대로 살아오던 땅이 사막화되어 고향을 등진 사헬 지역 주민들, 사막화로 인해 촉발된 다르푸르 분쟁에 의해 쫓겨난 사람들, 이렇게 자연의 재앙으로 인해 고향을 떠나 이웃 나라와 국경을 떠도는 사람들을 '환경 난민'이라고 부른다.

국제법에 따르면 '난민은 인종, 종교, 민족, 특정 사회집단의 구성원 신분 또는 정치적인 의견을 이유로 박해받을 수 있는 사람들'을 말한다. 그런데 환경 난민은 인종, 종교, 민족, 정치적인 이유 등으로 박해받는 사람들이 아니라는 이유로 국제사회에서 난민으로 인정받지 못하고 있다. 전쟁 난민은 전쟁이 끝나면 집으로 돌아갈 수 있다. 그렇지만 환경 난민, 기후 난민은 환경 악화로 삶의 기반을 잃어버렸기 때문에 돌아갈 집이 없다. 그들은 어디로 가야 하는가?

아프리카를 시작으로 다른 지역에서도 이미 많은 환경 난민이 생겨나고 있다. 실제로 2008~2012년에 1억 4000만 명의 환경 난민이 발생했는데, 주로 아프리카가 아닌 아시아인이었다. 일찍부터 사막화가 시작된 몽골은 이미 인구의 10퍼센트가 환경 난민이 되어 도시를 떠돌고 있다. 2008년 미얀마에서는 150만 명의 환경 난민이 생겼고, 2010년 파키스탄에서는 대규모 홍수로 2000만 명의 이재민이 발생했다. 중국도 이대로 가다가는 환경 난민이 대량으로 발생할 가능성이 크다.

유엔의 발표•에 따르면 현재 28억 명이 사막화와 물 부족 등으로 환경 난민으로 전락할 수 있는 지역에 거주하고 있으며, 2025년이 되면 이런 지역에 사는 사람이 53억 명에 이를 것이라고 한다. 53억 명은 전 세계 인구의 3분의 2에 해당한다.

이처럼 기후 변화는 지구 곳곳에서 다양한 얼굴로 나타나서 사람들을 삶의 터전에서 쫓아내고 있다. 우리는 이미 기후 변화의 습격에 노출되어 있고, 대비하지 않으면 누구나 환경 난민이 될 수 있다.

• UNCCD, "The Land in Numbers", Livelihood at a tipping point, 2015.

지구가
계속 뜨거워지면

기온이 2도 오르면 어떤 일이 벌어질까

⋯⋯⋯⋯⋯⋯

사계절의 변화를 느끼면서 사는 한국인에게 평균 기온 2도 상승은 대수롭지 않게 느껴질 수 있다. 여름에는 30도를 웃돌고, 겨울에는 영하 10도를 밑도는 온도 차를 견디며 살아왔는데 2도쯤이야, 하는 생각이 들 수도 있다. 계절에 따른 기온 변화만이 아니라 일교차가 10도를 넘나들 때도 많으니, 한국인이야말로 기후 변화에 최적화된 신체를 가졌다고 자신할지도 모르겠다.

그런데 우리 몸이 정상 체온인 36.5도에서 2도만 올랐다고 생각해보자. 누구나 아는 것처럼 체온이 38도만 되어도 머리가 아프고 힘들다. 40도가 되면 생명이 위험해진다. 기온이 오른다는 것은 지구가 열이 나고 아픈 상황이 지속되는 것과 같다. 게다가 사람과 달리 한 번 오른 지구의 기온은 낮추기가 어렵다. 평균 기온의 상승은 우리가 경험해보지 못한 전혀 다른 차원의 일이다.

지금의 인류가 존재하는 간빙기 바로 이전 마지막 빙하기의 기온이 지금보다 불과 6도가량 낮았고, 빙하기의 평균 기온은 수천 년 동안 지금보다 5도가량 낮았다. 현재 사람이 살기에 가장 좋은 온대 기후 지역이 빙하기에는 얼음으로 뒤덮인 겨울왕국이었고, 지구의 곡창지대 중 많은 부분이 빙하기에는 영구동토층으로 뒤덮인 툰드라였다.

그렇다면 기온이 2도 상승한 지구는 어떻게 될까? 산업화 이후 현재까지 1도 상승했는데도 지구는 온난화로 인해 몸살을 앓고 있다. 2도 상승은 이미 우리 코앞에 닥쳤다. 아마 생각지도 못한 끔찍한 일들이 벌어질 것이다. 더 큰 문제는 2도 상승으로 시작된 흐름이 4도, 6도 상승으로 쉽게 이어질 수 있다는 사실이다. 실제로 IPCC(기후 변화에 관한 정부 간 협의체)는 이대로 가면 앞으로 100년 동안 지구 온도가 6도까지 상승하는 것은 정해진 수순이라고 보고 있다. 더 비관적으로 전망하는 과학자도 적지 않다. IPCC 보고서에 따르면, 지구 온도는 산업혁명이 일어난 1880년부터 2012년까지 평균 0.89도 상승했다. 아울러 과학자들에 따르면 그 뒤로 온도가 더 상승해서 2016년에는 평균 1도 이상 상승했다고 한다. 기후학자들에 따르면 지금 인류는 200만 년 역사에서 가장 뜨거운 시기를 지나고 있다.

그렇다면 기후 관련 국제회의에서 2도 상승을 막기 위해 노력한 이유는 무엇일까? 2도 상승한 지구에서는 어떤 일이 벌어지는 것일 까?

"현재 인류가 지구 온난화 문제를 해결하지 않으면 21세기 말에 기온이 4도 오르고, 20년 또는 30년 안에 2도가 상승하게 된다. 4도가 오르면 식량 생산의 70퍼센트가 감소하여 인류는 굶어 죽을 것이다. 조만간 닥칠 2도 상승으로 지구촌의 번영과 빈곤은 커다란 난관에 부딪힐 것이다. 2도 상승으로 지구촌의 식량 생산은 30퍼센트 감소하고, 안데스 산맥의 빙하는 90퍼센트 사라지게 된다."•

흡사 어느 환경운동가가 했을 법한 이 발언은 세계은행의 공식적인 발표 내용이다. 세계은행 김용 총재는 여기에서 더 나아가 기온 상승을 그대로 두면 세계는 빈곤에서 벗어날 수 없다고 경고했다.

"지금부터 온실가스를 전혀 방출하지 않는다고 해도 1.5도가 더 상승한다. 이로 인해 지구촌 70억 인구 중 12억 명이 새롭게 극단적 빈곤의 덫에 갇히게 될 것이다."

지구 기온의 상승이 어떤 결과를 가져올지 무섭도록 명징하게 드러내는 말이다.

• 세계은행, "The Turn Down the Heat", 2014년 11월.

티핑포인트는 이미 지났는가

나는 여러 나라의 기후학자들을 만나면서 현재 기후 변화가 어디까지 왔는지에 대해 이야기를 들어왔다. 기후 변화를 추적하는 세계적인 연구소인 영국 틴들 기후변화센터의 앨리스 보스-라킨(Alice Bows-Larkin) 박사 팀은 '티핑포인트(tipping point)'•, 즉 기온 상승으로 지구의 균형이 깨지는 시기를 2015년으로 보았다. 라킨 박사 팀은 2015년을 기점으로 지구 기온 2도 상승을 유지하는 것도 힘들게 되었다고 발표했다. 심지어 4도가 오를 수도 있다고 경고했다.

나는 기후 변화를 추적하는 틴들 기후변화센터의 발표에 동의한다. 1만 년 전 마지막 빙하기가 끝날 때 대기가 급격히 온난화하면서 균형을 찾은 것처럼, 지금의 안정적인 기후도 티핑포인트를 기점으로 균형을 잃고 인간이 적응하기 힘든 기후 상태로 접어들 수 있다. 그 새로운 균형점이 우리에게 어떤 결과로 다가올지는 그동안의 경험과 과학적 분석으로 어느 정도 예측할 수 있다.

먼저 산업화가 시작되고 100여 년 동안 진행된 기후 변화로 우리가 겪은 참상을 돌이켜보자. 바닷물의 온도가 상승하고 땅이 뜨거워지면서 사람들이 살던 땅이 사막화되어 주민들이 생활 터전을 잃고 난민이 되었다. 풀과 나무가 사라진 땅은 흙을 붙잡아두지 못해

• 티핑포인트는 말콤 글래드웰의 책 《티핑포인트》에서 언급되면서 널리 알려진 개념이다. 작은 일들이 서서히 진행되다가 어느 순간에 폭발하는 것을 말한다. 최근 과학계에서는 기온 상승과 관련하여 티핑포인트에 대해 진지한 논의를 벌이고 있다.

모래폭풍이 일어 먼 나라까지 모래바람을 실어 나르고 있다. 또한 북극의 얼음과 영구동토층이 녹고 해수면이 상승하여 작은 섬나라가 바다 속으로 가라앉기 시작했으며, 빠르게 변화하는 기후에 적응하지 못하고 멸종한 동물과 식물은 일일이 이름을 부를 수 없을 정도로 많다. 그런가 하면 기후 변화로 식량 생산량이 감소하면서 잘사는 나라의 다국적기업이 가난한 나라의 농경지를 파고들기 시작한 지 오래다. 이 모든 일이 기온이 단 1도 상승하는 동안에 생겨났다.

그렇다면 기온이 2도 상승하면 세상은 또 어떤 모습이 될까? 예기치 못한 일들이 예상치 못한 곳에서 나타날 수 있으나, 분명한 사실은 기온이 상승할수록 가뭄과 사막화가 더욱 심해진다는 것이다. 가뭄과 사막화가 심해지면 식량 생산량이 감소해서 식량 가격이 폭등할 것이다. 그러면 가난한 사람은 더욱 가난해질 수밖에 없다. 게다가 물 부족으로 고생하는 나라에서는 식수조차 구하기 어려울 것이다. 식량과 물 부족으로 가장 큰 고통을 당하게 될 사람들은 가난한 나라의 가난한 사람들이다.

또한 기온이 2도 상승하면 히말라야나 안데스 산 같은 고산지대의 빙하와 영구동토층이 녹으면서 땅은 더 건조해지고, 산사태나 식수 부족 같은 문제도 발생할 것이다.

가장 큰 문제는 북극이다. 북극은 지구상의 어떤 지역보다 기온이 가장 많이 상승하고 있다. 북극의 기온이 이미 3도를 넘어 최고 6.6도까지 오를 수 있다고 과학자들은 예측한다. 사람도 살지 않는 북극의 온도가 상승하는 것이 왜 심각한 문제가 될까? 북극의 얼음이 녹아 해수면이 상승하면 섬나라는 물론이고 런던, 방콕, 뭄바이, 상하이처럼 바닷가에서 가까운 도시들도 많은 부분이 물에 잠기게 되기 때문이다. 대다수 인류가 거주하는 중위도의 기후는 극지방의 추위와 적도 지역의 더위 사이에 존재하는 온도 차의 영향을 크게 받는다. 따라서 극지방의 온난화는 지구 전체의 기후에 큰 영향을 끼친다. 이는 농작물 재배를 비롯하여 사람들의 생활 전반에 영향을 준다는 의미다.

사람뿐만이 아니다. 최근의 연구에 따르면 온도가 2도 상승할 경우 지구상에 존재하는 생물종의 3분의 1 이상이 사라질 것이라고 한다. 다양한 생물 없이 인간만 잘 먹고 잘살 수는 없는 일이다. 땅에서는 나무와 풀이, 바다에서는 플랑크톤이 광합성을 해주어야 숨 쉬고 살 수 있다. 질병을 치료하는 첨단 신약의 재료도 대부분 동식물에서 추출한 것이다. 기후 변화에 작물이 적응하지 못하고, 바닷물이 산성화되면 바다에서 생물이 사라지고, 종국에는 사람도 살 수 없다.

아니 어쩌면 이런 걱정을 하기 전에 폭염으로 사람들이 도미노처럼 쓰러지는 상황이 벌어질 수도 있다. 기온이 2도 상승하면 30도 이상인 날이 지금보다 많아지고, 밤 기온이 25도 이하로 내려가지 않는 열대야도 늘어날 텐데, 에어컨도 없고 휴가도 가지 못하는 가난하고 병약한 사람들이 어떻게 더위를 견뎌낼 수 있겠는가? 기후 변화는 가장 힘없고 가난한 사람들의 목숨부터 빼앗아갈 것이다.

현재 지구상에 존재하는 화석연료를 다 쓰면, 평균 온도는 산업화 이전보다 6도가 오르게 된다. 화석연료를 사용하기 시작한 지 100년 만에 인류는 지구의 온도를 1도 높여놓았다. 지금부터라도 화석연료 사용을 줄이고 에너지 소모를 줄이는 데 최선을 다한다고 해도, 2도 상승은 지금으로선 기정사실이다.

그럼에도 불구하고 현재까지 인류는 기온 상승을 막기 위한 노력을 거의 하지 않은 채 시간을 흘려보냈다. 과학자들이 예견한 대로, 어쩌면 지금 지구는 티핑포인트를 이미 넘어섰는지도 모른다.

물론 노력이 전혀 없었던 것은 아니다. 지구 온난화의 티핑포인트라고 지목되어온 2015년, 세계는 파리 기후변화협약을 통해 1.5~2도로 기온 상승 폭을 제한하기로 결의했다. 회의 마지막 날 협정문을 발표하고 나서 그 자리에 있던 사람들이 모두 감격스러운 얼굴로 기립 박수를 치는 모습이 언론을 통해 전 세계로 전해졌다. 그 자리에 있던 어느 나라 정상은 두 손 모아 기도를 했다. 눈가가 촉촉해진 채로 기립 박수를 그치지 않는 사람도 있었다. 그들의 얼굴에는 오랫동안 풀지 못한 숙제를 전 인류를 대표해서 풀기 시작했다는 안도감과 자부심이 배어 있었다. 감동적인 순간이었다.

나는 회의 테이블에 앉아 발언하고 서명을 한 저 사람들이 기온이 2도 상승하면 실제 어떤 일이 발생하는지 정말로 알고 있을까 하는 의구심을 떨칠 수 없었다. 그들은 기온 상승이 인류의 생존에 끼치는 영향, 국제 질서의 변화, 이로 인한 국가적 손익 등등을 다 각도에서 따져보았을 것이다. 하지만 기온이 2도 상승한 지역의 사람들에게 닥친 현실을 과연 알고 있을까? 아마도 대부분이 그 참혹한 현실을 알 기회도 없었고 알아야 할 필요성도 느끼지 못했을 것이다. 실상을 알았다면 합의가 이토록 어렵지 않았으리라.

시간이 별로 없다

기온 2도 상승이 부른 재앙을 실제로 경험한 나라가 지구상에 이미 존재한다. 세계에서 기온이 2도 오른 유일한 나라, 북극을 제외하고 전 세계에서 기온이 가장 많이 오른 나라, 바로 몽골이다.

2도가 상승한 몽골에서 어떤 일이 벌어졌을까? 호수 1166개가 사라지고, 강 887개가 아주 짧은 기간에 자취를 감췄으며, 2096개의 샘이 말라버렸다. 그 결과 식물종 4분의 3이 개체수가 줄어든 정도가 아니라 아예 멸종했다. 유목민들은 키우는 가축이 2000만 마리가 죽을지 3000만 마리가 죽을지 걱정하면서 계절을 보내고 맞아야 한다. 여름에는 가뭄, 겨울에는 폭설과 혹한 같은 자연 재해가 기승을 부려 사람과 동물이 수시로 죽어나간다. 몽골의 이 같은 재앙은 기온이 상승하면서 영구동토층이 사라졌기 때문에 나타난 현상이다. 예전에 영구동토층의 땅 밑은 1년 내내 얼어 있었다. 여름에는 이 층이 조금씩 녹으면서 강과 호수와 샘을 유지하고, 건조한이 지역에 수분을 제공했다. 그런 중요한 역할을 하던 영구동토층이 기온이 상승하면서 80퍼센트가 말라버리고 사막화되었다.

울란 호수에서 서쪽으로 400킬로미터 떨어진 곳에 어르그라는 커다란 호수가 있다. 2003년 10월, 몽골 남부 고비사막을 탐방 갔다가 어르그 호수를 보고 그 규모에 놀란 적이 있다. 깊이가 10미터, 면적은 서울의 4분의 1에 맞먹는 150제곱킬로미터로, 직접 보면 호수인지 바다인지 구분이 안 될 만큼 크고 깊은 호수였다. 3년 6개월이 지난 2007년 2월에 어르그 호수를 다시 찾아갔다. 원래 몽골의 고비 지역은 도로가 없어 길을 자주 잃는다. 어르그 호수를 찾아가는 동안에도 몇 번이나 길을 잃었지만 희망만은 잃지 않았다. 그래도 이 호수는 남아 있을 것이라는 희망이었다. 이틀 동안 사막에 날리는 먼지와 씨름하며 겨우 어르그 호수에 도착했다.

막상 호수를 보니 긴 한숨이 나왔다. 어르그 호수는 더 이상 호수가 아니었다. 물이 완전히 말라서 바닥을 드러낸 채 독성이 가득한 허연 소금기만 남아 있었다. 어르그 호수에 물이 차 있을 때는 호수 주변에 주민 5000명이 살았다. 그런데 2007년에 다시 찾았을 때에는 겨우 1000명밖에 남아 있지 않았다. 주민 4000명이 떠난 것이다. 남아 있는 주민들의 증언에 따르면 일자리와 먹을 것을 찾아 울란바토르 같은 큰 도시로 떠났다고 한다. 그들 중 상당수가 환경난민으로 살아가고 있을 것이다. 이것이 기온 2도가 상승할 때 생기는 일이다. 조상 대대로 수천 년 동안 살아온 고향을 등지고, 집을 잃고, 하루 세 끼 먹기도 힘들고, 아이들을 안전하게 키울 수 없는 삶.

만일 지구 전체 평균 기온이 2도 오르면 어떻게 될까? 예측 불가의 걷잡을 수 없는 상황이 전개될 것이다. 온갖 인공 열과 대기 오염물질을 쏟아내는 거대 도시는 4도나 5도, 심하게는 일시적으로 12도까지도 상승할 수 있다. 이런 상황에 이르면 전기 자동차를 타고 다니거나 청정에너지를 사용하는 노력도 별 의미가 없어진다.

청정에너지를 개발하거나 다른 대안을 마련하는 일이 필요 없다는 말이 아니다. 지구 기온이 너무 빠르게 상승하고 있어서 우리에게 주어진 기회를 놓칠까 우려하는 것이다. 화석연료를 대체할 청정에너지를 개발하는 과학기술이 꽤 진전한 것도 사실이다. 하지만 기온 상승 속도가 대체에너지 개발 속도보다 더 빠르다면 어떻게 될까?

우리에게는 시간이 별로 없다. 아무리 좋은 대안이라도 너무 늦으면 소용이 없다.

여섯 번째
대멸종이 시작됐다

'설마 그렇다고 지구가 멸망하겠어?'

IPCC 보고서는 앞으로 100년 뒤 지구는 온난화로 인해 푸른 행성에서 붉은 행성이 될 것이라고 전망한다. 또한 기후학자들은 지구 기온 상승으로 빙하기가 올지 계속 기온이 오를지 알 수 없지만, 기후 변화로 인한 대재앙이 올 가능성이 크고, 화석연료의 고갈 속도보다 대기의 고갈 속도가 더 빠르게 진행되고 있다고 말한다.

지구 전체가 뜨겁게 달아오르면서 극지방이 녹아 해수면이 상승하고 있다. 천년만년 녹지 않을 것 같던 만년설과 빙하가 녹아내려 산사태와 물 부족을 걱정해야 한다. 또 폭염과 가뭄으로 바싹 마른

산과 들에 산불이 일어나 귀중한 생명과 재산을 앗아가는가 하면, 폭우가 쏟아져 손 한번 써보지 못한 채 수많은 사람이 목숨을 잃는 일이 곳곳에서 일어나고 있다.

일찍이 인류는 이 같은 기후 변화를 경험해본 적이 없다. 사막화나 환경 난민이라는 말 자체가 이전에는 없었다. 이런 일은 역사 속에서 배워본 적도 없고, 경험해본 적은 더더욱 없다. 전 지구적 기후 변화를 경험하지 못했기에 예측도 못했고 대비도 못했다. 앞으로 어떻게 해결해나가야 하는지도 모른다. 인류 전체가 기후 변화라는 초유의 사태 앞에서 길을 잃고 헤매는 상황이다.

한국전쟁과 기후 변화의 닮은 점

전례 없는 위기가 코앞에 닥쳤지만 문제의 원인을 찾아 해결하려는 노력은 너무 더디다. 책임지려는 사람도 없다. 그런데도 많은 사람들이 막연하게 내가 사는 이곳은 안전할 것이라고 믿는다. 그런 면에서 기후 변화는 전쟁과 여러모로 닮았다.

얼마 전 한국전쟁에 관한 다큐멘터리를 보다가 그동안 몰랐던 사실 하나를 알게 되었다. 1950년 6월 25일 북한군이 탱크를 몰고 휴전선을 넘어 내려온다는 소식이 라디오를 통해 전해졌다. 그런데 서울 사람들 대다수가 그 방송을 듣고도 피난 떠날 생각을 하지 않았다고 한다. 이승만 정부의 '서울 사수' 약속에 속았던 사람들도 있지만, '설마 전쟁이 정말로 일어나겠어?' '전쟁으로 사람이 죽기야 하겠어?' 하는 근거 없는 낙관으로 피난을 미룬 사람도 많았다. 그로부터 사흘 후 인민군 탱크가 미아리 고개를 넘어오고 북한군이 보이기 시작하자 그제야 정신이 번쩍 들었다. 뒤늦게야 전쟁을 실감하고 피난길에 나섰으나 많은 사람이 목숨을 잃었다.

기후 변화도 마찬가지다. 지구가 더워지면 생태계에 어떤 위험이 닥쳐올지를 알리는 연구 보고서가 발표되고, 수많은 학자들이 경고한다. 하지만 사람들은 '설마 그렇다고 지구가 멸망하겠어?' 혹은 '설마 내가 사는 곳에 그런 끔찍한 일이 일어나겠어?' 하고 무시해버린다. 전쟁이 터졌다는 소식을 듣고도 대책 없이 있다가 탱크가 다니고 총알이 날아다니는 것을 보고서야 전쟁이 터졌구나 실감하고 피난길에 나서는 것처럼 말이다.

2013년 유엔환경계획(UNEP)은 지구가 여섯 번째 멸종기를 향하고 있다고 선언했다. 지금으로부터 6500만 년 전 운석 충돌로 인한 공룡의 집단 멸종은 지금까지 지구에서 있었던 마지막 대멸종이다. 그 이후 한 번도 멸종의 위기를 겪지 않았는데, 이제 그와 같은 위기의 시대가 가까워졌다는 것이다.

최근 학계에서는 인류세(人類世, Anthropocene)•라는 새로운 지질시대가 시작되었다는 주장이 설득력을 얻고 있다. 마지막 빙하기가

• 네덜란드의 화학자 파울 크뤼첸(Paul Crutzen)이 2000년에 처음 제안한 용어로, 현생 인류가 살아온 지질시대 가운데 홍적세와 충적세가 끝나고 새로운 지질시대가 시작되었다는 의미로 사용된다.

끝난 후부터 현생 인류가 사는 지금까지를 신생대 제4기 홀로세 또는 충적세라고 부른다. 급격한 변화로 이전과는 다른 새로운 구분이 필요해졌고, 그 변화가 인간에 의해 이루어졌기 때문에 '인류세'라는 이름을 붙인 것이다.

그렇다면 인간은 지질에 어떤 영향을 미쳤을까? 지난 100년 동안 지구상의 생물종 가운데 4분의 1이 자취를 감추었고, 산업혁명 이후 이산화탄소 농도가 지구 역사 200만 년 중 최고조에 달하고 있다. 인류세의 가장 큰 특징은 지구가 망가지고 있다는 것이다. 당연히 주범은 인간이다. 18세기 산업혁명 이후 변화가 시작되었고, 1950년대 들어 인구 증가와 함께 경제 규모와 소비가 급격히 늘면서 인류세의 특징이 강화되었다. 실제로 지금 땅속을 파보면 시멘트부터 알루미늄과 플라스틱 등 인간이 만든 온갖 오염물질이 쌓여 있을 것이다. 미래 인류가 이 시기를 지질학적으로 연구하다 보면 인간이 만든 쓰레기가 켜켜이 쌓인 지질대를 발견할 것이다. 자연이 아닌 인류가 지구를 완전히 새로 만들어낸 이 시기를 '인류세'라고 정의 내릴 것이다. 인류세는 이미 시작되었고, 지구는 여섯 번째 멸종을 향해 다가가고 있다.

지구는 그동안 다섯 번의 멸종기를 겪었다. 그 원인은 화산 폭발이나 운석 충돌처럼 인간이 어찌해볼 수 없는 위기였다. 지금 여섯번째 멸종 위기는 인간이 스스로 무덤을 파고 멸망을 향해 걸어가고 있는 형국이다. 바로 이 지점이 절망인 동시에 희망이다. 인간이 자초한 위기라는 점에서는 절망적이지만, 인류만이 해결의 열쇠를 쥐고 있다는 점에서는 희망적이다. 절망과 희망 가운데 어느 쪽을 선택할지는 현재를 사는 우리의 몫이다.

무엇이 변화를 가로막고 있는가

1967년 중부 아프리카의 사막화로 60만 명이 굶어 죽는 초유의 사태가 벌어지자 인류는 큰 충격에 빠졌다. 왜 이런 끔찍한 일이 벌어졌을까? 지난 1만 년 동안 한 번도 경험하지 못한 일이었기에 우리는 이 참상의 원인이 무엇인지 알 수 없었다. 고민이 깊어졌다. 1968년과 1992년은 기후 변화 문제에 관해 큰 성취를 이룬 해로 기억할 만하다. 이때 기후 변화 논의에 가장 큰 영향을 미친 보고서와 개념이 등장했기 때문이다.

아프리카 사막화에 대한 인류의 첫 번째 대응이 바로 1968년에 설립된 로마클럽이다. 세계의 석학과 기업가, 정치인 등이 참여한 로마클럽은 3년에 걸친 연구와 조사 끝에 1972년에 〈성장의 한계 (The limits of growth)〉라는 보고서를 펴냈다. 여기에는 성장만을 추구해온 인류 역사에 대한 반성과 함께 매우 암울한 전망이 제시되어 있다. 이 보고서에는 물풀과 연못의 비유가 등장한다. 연못에는 여러 가지 물풀이 덮여 있어서 연못을 아름답고 멋지게 해주지만, 풀이 너무 많이 자라 햇빛을 가려버리면 연못이 썩어버린다. 지금은 지구라는 연못을 물풀이 절반가량 덮은 상태라고 진단하면서, 이

흐름을 멈추지 못하면 결국 물풀이 연못 전체를 뒤덮어 지구라는 연못이 썩을 것이라고 보고서는 경고했다. 기후 변화가 끝없이 성장하고자 하는 경제체제와 탐욕 때문이라고 밝히면서 기후 변화로 생물의 종이 사라지고, 사막화가 확대될 것이라고 전망했다. 시간이 지날수록 보고서의 예언이 정확하게 들어맞으면서 기후 변화 위기에 대비해야 한다는 공감대가 형성되었다.

이러한 영향으로 1992년 리우 환경회의에서는 선진국들이 탐욕스럽게 성장을 추구해온 결과 기후 변화 문제가 발생했다는 사실을 인정하고, 지구의 미래를 위해 인류가 함께 노력하자고 의견을 모았다. 처음으로 130여 개 나라가 모여 기후 변화에 대처하기 위한 국제 협약과 기구를 만들 수 있었다. 세계 3대 환경협약인 유엔 기후변화협약(1992년), 생물다양성협약(1992년), 유엔 사막화방지협약 (1994년)이 그 결과물이다. 이는 로마클럽의 경고에 각국이 공감했기에 가능한 일이었다.

1994년 유엔 사막화방지협약이 만들어지던 그해에 유엔개발계획 (UNDP)은 '인간 안보(human security) 선언'을 발표하게 된다. 이것은 지구가 현재만이 아니라 미래에 닥칠 문제를 해결해야 한다는 생각과 '평화는 전쟁의 반대 개념이 아니며 평화는 평화 그 자체로 추구되어야 한다'는 생각에서 출발한다. 인간 안보의 핵심에는 '지구 공공재'라는 개념이 있다. 지구는 특정 국가나 일부 계층의 소유가 아니듯, 현생 인류만이 아니라 미래의 인류도 지구에 대해 똑같은 권리를 가진다. 그런데 현재 인류는 도로와 공장을 만드는 일처럼 돈

되는 일에는 과잉 투자하고 평화, 복지, 기후 변화와 빈곤 문제 해결에는 지나치게 '과소 투자'하고 있다.

지구는 사유재가 아니라 공공재라는 말에는 모두 공감하지만, 현실에서는 그렇지 못하다. 잘사는 나라들은 에너지를 펑펑 쓰면서 지구의 자원을 함부로 낭비하고 있다. 저개발국가 사람들은 기본적으로 필요한 에너지도 사용하지 못하고 불편하게 살면서도 기후 변화로 인한 피해는 가장 많이 받고 있다.

에너지 중독에서 벗어나 지구와 함께 공존하는 삶을 모색해야 한다고 말하면 대부분 동의한다. 그런 점에서 대다수 시민은 정의롭다.

그런데 왜 우리는 세상을 변화시키지 못하고 있을까? 우리의 행동을 방해하는 세력이 있는 것이 아닐까?

다음 장에서는 이 질문에 대한 답을 찾아보려고 한다.

2장

////////

모든 문제 뒤에는
기후 변화가 있다

////////

수단 내전의
진짜 원인

남과 북, 다정하던 그들은 왜 원수가 되었나

한 담장 안에 두 가족이 지붕을 맞대고 사는 집이 있었다. 언제부터 어떤 이유로 한 울타리에 살게 됐는지도 기억하지 못할 만큼 오래전부터 낡은 담장과 작은 우물 하나를 공유하면서 가난하지만 평화롭게 살았다. 두 가족은 서로 직업도 다르고 종교도 다르고 취향도 달랐다. 하지만 공동으로 사용하는 공간에 대해 나름대로 규칙을 정해 지혜롭게 공유하는 법을 터득하고 있었다. 대문이 가까운 A가족이 담장을 관리하고, 우물 바로 옆에 사는 B가족이 우물을 관리하는 식으로 말이다.

하지만 가뭄이 심했던 어느 여름, 우물물이 점점 줄어들더니 바닥이 거의 드러날 지경에 이르고 말았다. 어린 자식이 많은 A가족은 매일 아주 조금씩만 솟아나는 물을 모으기 위해 우물가에 머무는 시간이 점점 늘어났다. 그러던 어느 날 우물가에 펜스가 쳐지고 커다란 자물쇠가 달렸다. A가족은 그때부터 물을 구할 수가 없었다. 매일 목말라서 우는 어린 자식들을 보고 화가 난 아버지가 도끼를 들고 다짜고짜 B가족의 현관문 쪽으로 달려갔다. 그래서 어떻게 됐을까? 상상하기도 끔찍한 결말이 기다리고 있었다.

이웃들은 두 가족의 참혹한 싸움을 두고, 평소에 종교 갈등이 컸다느니 취향이 너무 달라서 서로를 미워했다느니, 직업적인 이권이 걸린 분쟁이라느니 말들이 많았다. 하지만 우물물이 줄어들기 전까지 두 가족은 평화로웠다. 아무리 서로 달라도 우물에 펜스를 치기 전에는 사이좋게 지내던 이웃이었다. 하지만 이제 그들은 서로에게 도끼를 휘두르는 원수지간이 되었다.

직접적인 계기는 펜스 때문이었고, 동시에 말라가는 우물물 때문이었으며, 더 나아가서는 유례없는 가뭄 때문이었다. 이 이야기는 2003년 아프리카의 한 나라에서 실제로 일어났던 일이다. 1980년 이후 급속한 사막화와 오랜 내전으로 찢기고 말라붙어 있던 힘없는 나라 수단, 그중에서도 더 아픈 상처가 된 다르푸르 분쟁이 바로 이렇게 시작되었다.

북쪽 유목민들이 건기마다 가축을 몰고 내려왔을 때 늘 이용하던 남쪽 목초지에 펜스가 쳐지자, 북쪽 이슬람계 유목민과 남쪽의 흑인 농민들 사이에 유혈 충돌이 일어난 것이다. 겉으로 드러난 가해자는 수단 정부군과 그 지원을 받는 아랍계 무장 민병대인 잔자위드였고, 피해자는 다르푸르의 아프리카 흑인 원주민이었다. '아랍계 피를 아프리카에 퍼뜨리자'는 슬로건 아래 잔자위드 민병대는 다르푸르 원주민을 집단학살하고 불을 지르고 강제추방했다. 이 잔혹한 인종청소의 시작은 말라버린 우물이었다.

그런데 여기서 한 가지 의문이 남는다. 비록 사막화와 이로 인한 물 부족, 초지와 경작지 감소로 갈등이 시작된 것은 사실이지만, 정말로 수단 주민들이 자연 재해 앞에서 서로에게 총부터 겨눴는가 하는 것이다. 만약 펜스가 비극의 씨앗이라면 '누가 펜스를 쳤는가'를 분명히 밝힐 필요가 있다.

정부는 남쪽 주민들이 먼저 펜스를 쳤다는 이유로 민병대의 손에 무기를 쥐어줌으로써 무고한 민간인들을 무참히 학살하게 했다. 하지만 남쪽 주민들은 펜스를 칠 만한 돈도 없었고 그렇게 할 생각도 없었다.

정작 펜스가 필요한 사람들은 따로 있었다. 1990년대 새로운 경작지를 찾고 있던 외국의 거대 기업들은 수단 남부의 농경지에 눈독을 들였다. 돈을 벌고 싶었던 수단 정부는 외국 기업들이 남부 수단에 정착하도록 돕고자 했다. 남부 수단에 안정적인 경작지를 확보하려는 다국적기업과 거기에서 생기는 이익을 기대한 수단 정부의 방관 또는 암묵적 협조에 의해 펜스가 세워졌다. 펜스가 세워지고 나서 죽어간 사람들은 남부 수단의 무고한 민간인들이었다.

내전이 심각해지면서 사태 해결과 주민 구호를 위해 국제기구와 NGO가 다르푸르에 파견되었다. 외부에서 들어온 사람들 눈에는 서로 죽이는 극심한 갈등과 참혹한 상처가 먼저 보였을 것이다. 그래서 군사력을 이용해서라도 유혈 사태를 막는 것이 최선이라고 생각했을 것이다. 그들은 다르푸르 주민들을 정치적 피해자로 보고 유엔을 비롯한 국제사회에 군사 개입을 요청했다. 누가, 왜, 펜스를 세웠는지 제대로 알아보았더라면, 또 인종 차이에도 불구하고 사막화가 되기 전에는 서로 평화롭게 살았다는 것을 알았더라면, 그런 결정을 내렸을까?

NGO 활동가들의 뼈아픈 오판

"우리는 주권국가로서 유엔평화유지군이 수단에 진입하는 것을 허용하지 않겠다."

2007년 유엔이 평화유지군을 파병하기로 결정하자 수단 정부의 입장은 확고했다. 유엔군은 저항에 부딪혀 다르푸르에 들어가지 못했다. 하지만 나중에 결국 국제사회의 군사적 개입이 이루어졌다. 수단 정부가 거부하고 수단의 다양한 정파가 군사적 도움을 요청하지 않았는데도, 국제사회가 군사적 개입을 할 수 있었던 근거는 무엇일까?

2003년 한 해에 22만 명 학살, 220만 명 난민 발생이라는 초유의 사태를 접한 국제기구와 국제적십자, 국경 없는 의사회를 비롯한 NGO들은 경악했다. 그리고 전 세계에 도움을 요청했다. '수단에 내전이 발생하여 대규모 학살이 저질러지고 있다. 국제사회의 도움이 필요하다. 가능한 한 신속하게 개입해달라. 미국과 유럽 각국에서 관심을 가지고 도와주기를 바란다. 유엔의 개입도 필요하다.'

수단의 상황을 잘 모르는 외부인들은 어떻게 해서든 잔혹한 학살과 폭력을 막는 것이 유일한 해결책이라고 믿고 국제사회에 무력개입을 요청했을 것이다. 하지만 수단 사람들은 그렇게 생각하지 않았다.

수단 정부는 오히려 군사 개입이 이루어진 원인이 국제기구와 NGO의 요청 때문이라고 생각했다. 북수단 사람들은 자신들이 테러리스트나 학살자로 몰리는 데 반감을 가졌다. 당시 식량 부족으로 굶어 죽은 사람도 많았는데 국제기구와 NGO들은 이들이 모두 학살되었다고 외부에 알렸다. 이런 일로 불신이 심화되었다. 결국 2008년 본격적으로 유엔평화유지군이 파병되었지만, 내전은 아직도 끝나지 않고 있다.

이런 과정에서 수단에 파견된 인도주의적 국제기구나 NGO 활동가들이 살해당하는 일이 생기기 시작했다. 특히 유엔평화유지군은 매복한 반군들에 의해 살해당하기도 했다. 예전에는 인도주의적 활동가들은 언제 어디에서나 정부군과 반군으로부터 신뢰와 보호를 받았다. 그러나 지금은 아니다. 적십자의 구호물자를 실은 트럭이 이동할 때는 기관총으로 무장한 군인들의 호위를 받아야 한다. 또는 구호물자를 비행기로 싣고 가서 낙하산으로 투하해야 할 정도다.

수단뿐 아니라 아프리카, 아랍 등 다른 지역에서도 인도주의를 표방한 활동가들이 보호받지 못하고 심지어 테러의 표적이 되기도 한다. 인도주의적 활동이 지역에서 환영과 신뢰를 받지 못하는 현실이 안타깝기만 하다. 하지만 활동가들의 잘못된 판단과 실책이 자초한 측면이 있다는 사실을 아프지만 겸허히 받아들일 필요가 있다.

NGO 활동가들은 왜 수단에 군사적 지원이 필요하다고 판단했을까? 나는 기후 변화에 대한 이해가 부족했기 때문이라고 생각한다. 현재 지구 곳곳에서 벌어지는 많은 분쟁과 갈등도 깊이 파고들어가 보면 결국 기후 문제와 맞닿아 있다. 그런데 구호기관, 인권기구 활동가들조차 이 점을 제대로 이해하지 못하는 경우가 많다. 겉으로 드러난 현상만 보고 갈등을 봉합하려다가 수단에서와 같은 잘못된 결정을 내리면 어쩌나 걱정스럽다.

수단과 몽골의 난민도 근본적으로 기후 문제 때문에 발생했다. 현재 인권 문제나 식량 문제 또는 정치적인 문제는 기후 변화와 연관된 경우가 많다. 따라서 기후 변화가 생태 환경과 사람들의 삶을 어떻게 바꾸어놓았는지 정확히 알지 못하면, 수단의 복잡한 갈등 상황을 '인종청소', '학살'로 규정하고 군사 개입을 요청할 수 있다. 수단의 경우에서 보았듯이 군사 개입은 또 다른 불신과 희생을 가져올 가능성이 아주 높다. 지구 곳곳의 활동가들이 순수한 헌신에도 불구하고 테러의 희생양이 될 수도 있다.

무기 말고 씨앗을 주시오

....

수단 사람들은 유엔평화유지군이 아니라 다른 해결책을 원했다.
정부와 잔자위드 민병대, 정의평등운동, 국민회복전선(NRF) 등 다르
푸르 반군조직으로 구성된 다르푸르 평화협정 당사자들이 원한 것
은 무엇일까? 포로 교환도 있었지만 장기적인 평화 유지를 위해 강
조한 것은 '빈곤 해결을 위한 발전'이다. 위기를 만든 원인을 해결하
기 위해 이들이 국제사회에 요구한 내용은 크게 네 가지로 정리해볼
수 있다.

첫째, 개량종 종자를 지원해달라.

둘째, 수자원 시설을 복구하고, 빗물을 담아 보관할 수 있는 통을
많이 마련해달라.

셋째, 날씨를 조기에 예보할 수 있도록 위성 정보를 제공해달라.

넷째, 유목용 초지와 땔감, 식수를 보급해달라.

이들이 요구한 네 가지 항목은 의외여서 국제기구 활동가들이 깜
짝 놀랄 정도였다. 군사 지원이나 정치적 개입에 대한 요구는 찾아
볼 수 없다. 평화 유지를 위해 어느 편이 먼저 무기를 버리자거나
전쟁에 대한 책임 공방도 없다. 국제사회에 경제적 지원을 요구하
는 것도 결국 난민문제 해결에 초점이 맞추어져 있었다. 한마디로

먹고살게 해달라는 게 그들의 요구였다. 수단 사람들은 이미 알고 있었던 것이다. 수단 분쟁의 핵심 원인은 기후 변화이므로 기후 변화가 가져온 문제를 해결하는 것이 가장 빠르고 근본적인 해법이라는 것을.

지금도 다르푸르는 사막화가 급속하게 진행 중이고 이로 인해 물 부족, 식량 부족을 겪고 있다. 게다가 인구가 급격히 증가하고 정치적 기반도 붕괴하여 문제가 더 복잡하게 꼬이고 있다. 그럴수록 근본 원인을 찾아 거기에 맞는 해법을 마련해야 한다. 수단의 평화를 위해서는 저수시설과 수자원 시설 복구, 빗물을 모으는 적정 기술 보급, 조생종 씨앗 보급, 유목용 초지 확보, 일기예보 같은 조기 경보 시스템 도입, 땔감과 식수 배급 등이 필요할 것이다.

반기문 전 유엔 사무총장은 2006년 6월 16일 《워싱턴 포스트》에 발표한 기고문에서 "다르푸르 분쟁은 생태적 위기에서 시작되었고, 생태적 위기는 부분적으로 기후 변화가 원인"이라고 지적했다. 반 총장의 이런 주장에 대해 미국의 일부 정치인들이 격렬하게 비난하고 나섰다. 당시 미국 공화당 대통령 후보 지명전에 나섰던 프레드 톰슨은 "반 총장이 수단 정부를 지원하는 것은 유엔의 다수 구성원인 이슬람 세력의 비난을 피하려는 의도"라며 비난했다. 미국이 이런 반응을 보인 것은 수단 내전의 근본 원인이 기후 변화에 있다는 의견을 매우 불편하게 여기기 때문이다.

그렇다면 톰슨으로 대표되는 미국의 일부 보수 정치인들은 왜 기후 변화가 문제의 핵심이라는 사실을 부정하고 싶은 걸까? 그것은 미국이 기후 변화에 큰 책임이 있다는 반증이 아닐까? 사실 기후 변화의 주범이 산업화이고, 그 과정에서 가장 큰 역할을 한 나라가 미국이라는 사실을 누구도 부정할 수 없다. 그렇기에 톰슨은 다르푸르 학살과 난민 발생이 기후 변화 때문이라는 불편한 진실을 인정하고 싶지 않았던 것이다. 다르푸르 분쟁의 원인을 인종과 민족 문제로 몰아가고, 수단 난민을 환경 난민이 아닌 전쟁 난민으로 만들고 싶을 것이다.

그러나 아무리 부정해도 다르푸르 분쟁이 물과 초지와 경작지를 둘러싼 갈등에서 촉발되었고, 따라서 근본 원인은 기후 변화라는 사실에는 변함이 없다. 그런데도 다르푸르 분쟁을 종교적, 정치적, 인종적 문제로만 여기는 것은 적절하지 못하다. 기후 변화가 분쟁의 주범이라면 기후 변화를 일으킨 사람들에게 더 큰 책임이 있다. 기후 변화를 일으킨 책임이 누구에게 있는지 다시 한 번 묻고 싶다.

인류의 밥그릇에
폭풍이 일다

30년 후 100억 세계인은 무얼 먹고 살까

영화 〈설국열차〉에서 가장 인상적인 장면은 양갱처럼 생긴 프로 틴 블록이었다. 바퀴벌레를 갈아 만든 프로틴 블록은 비위가 좀 상하기는 하지만 한정된 공간에서 많은 사람을 먹여 살리는 고단 백 영양 덩어리다. 실제로 앞으로 도래할 식량 위기 시대에 곤충이 먹을거리의 대안이 될 수 있다는 언론 보도를 심심치 않게 접하게 된다.

지구라는 한정된 공간에서 기하급수적으로 늘어나는 인구가 먹을 식량을 안정적으로 생산하기는 역부족이다. 게다가 기후 변화라는 거대한 폭풍이 인류의 밥그릇을 뒤덮어버릴 수 있다. 이미 그런 상황이 세계 곳곳에서 벌어지고 있다. 그 징후를 보여주는 현상이 식량 가격의 불안정이다. 식량 가격은 원래 기후에 따라 변동하게 마련이지만, 기후 변화가 심해지면서 가격 변동 주기가 짧아지고 폭등이 심해지고 있다. 종전에는 10년에 한 번 꼴로 식량 가격이 상승했는데 최근에는 거의 2~3년 주기로 폭등하고 있다. 2006~2008년, 2년도 채 안 되는 사이에 국제 쌀 가격이 230퍼센트 넘게 올랐고, 밀은 180퍼센트, 옥수수는 125퍼센트 상승했다. 콩 가격도 크게 뛰었다. 당시 금융위기와 유럽의 바이오 연료에 대한 수요 증가로 인해 식량 가격이 폭등했다. 하지만 가장 큰 원인은 이상 기온이라는 것이 과학자들의 공통된 견해다.

지구 온난화로 물 부족이 심각해지면서 중국, 미국, 오스트레일리아 같은 대규모 곡창지대의 농작물 생산이 크게 감소하거나 중단되고 있다. 오스트레일리아의 주요 식량 생산지였던 머라이다링 분지는 식량 생산량이 최근 10년 사이에 100만 톤에서 1만 8000톤으로 98퍼센트가 감소했으며, 중국은 1990년대만 해도 식량자급률이 96퍼센트였지만 지금은 36퍼센트 정도로 뚝 떨어졌다. 이집트에서는 농경지 감소로 식량 가격이 98퍼센트 이상 폭등하여 식량 문제와 실업 문제가 대두되면서 2008년 정권을 바꾸는 사회운동으로 번지기도 했다. 또 세계 인구가 먹는 농작물의 60퍼센트가 아시아의 여름 장마에 의존한다는 보고가 있는데, 최근 들어 이 지역에 가뭄과 홍수가 극심해진 것도 식량 가격을 불안정하게 만드는 요인이다.

식물은 온도에 민감하다. 따라서 지금 추세대로 지구 기온이 오른다면 농작물 생산이 타격을 받을 수밖에 없다. 특히 2도 상승을 억제하지 못하면 식량 생산지가 열대에서 온대로 후퇴하는 데 그치지 않고 전체 생산량이 대폭 줄어들게 된다. 지금까지 열대 지역에서 생산되는 식량에 의존해온 수억 명의 인구에게는 재앙이나 다름없는 상황이다.

유엔 발표에 따르면 2050년대 지구 인구는 98억 명에 이르게 된다. 98억 명의 인구를 먹이려면 농업 경작지가 지금보다 100퍼센트 늘어나야 한다고 한다. 사실 지구가 하나 더 필요한 것이다. 지구는 이미 과도한 개발로 인해 몸살을 앓고 있다. 경작지가 더 늘어날 여지는 전혀 없는데, 설상가상으로 사막화로 인해 해마다 총 경작지의 1퍼센트가 사라지고 있다. 이 추세대로 간다면 40년 후에는 무려 40퍼센트가 사라지게 된다. 전 인류가 머지않아 극심한 식량 문제를 겪게 되리라는 것을 예상할 수 있다.

식량을 수입에 의존하는 나라들은 식량 문제에 새로운 대책을 세워야 하는 상황이다. 또한 변동하는 국제 곡물 시장에서 새로운 이익을 창출하려는 거대 기업들은 안정적인 식량기지를 찾아나서고 있다.

이들 눈에 제일 먼저 들어온 지역이 아프리카와 동남아시아였다. 특히 아프리카는 중요한 거점이 되었다. 대기업이 아프리카로 눈을 돌리면서 세계 농업의 양상이 크게 변화하기 시작했다. 가장 큰 변화는 소작이다. 전통적으로 '소작'이라고 하면 땅이 없는 가난한 농민이 부자 지주에게 땅을 빌려 농사를 짓고 그 대신 소작료를 내는 관계를 떠올릴 것이다. 그런데 대기업이 본격적으로 아프리카에 진출한 2008년 무렵부터 대기업이 소작을 맡았다. 소작이라고는 하지만 규모가 어마어마하다.

트랙터를 앞세워 아프리카에 진출한 기업으로는 스위스의 네슬레, 중국의 선바이오 등이 대표적이다. 특히 네슬레는 일찍부터 수단과 아프리카 여러 나라에 진입하여 대규모 농업을 시작했다. 경제적 어려움을 겪고 있던 수단 정부는 어떻게 해서든 달러를 확보해야 하는 상황이었다. 돈을 벌기 위해서는 뭔가를 팔아야 하는데, 석유 이외에 특별한 자원이 없는 수단으로선 팔 수 있는 게 땅이었다. 결국 수단 정부는 남쪽 농업 지역에 외국 대기업이 들어오는 것을 허용했고, 그 결과 500만 헥타르가 선진국의 곡창지대가 되었다. 이는 남한의 절반에 해당하는 면적이다.

대기업과 식량 수입국들은 "우리의 진출은 최빈국에게 개발의 기회가 될 것"이라고 주장했다. "밭을 갈 쟁기도, 트랙터도, 종자와 비료도 없는 사람들에게 우리는 이 모든 것을 제공할 수 있기 때문이다." 그러나 대기업의 아프리카 진출은 그들의 주장과 정반대되는 결과를 낳았다.

우선 대기업이 아프리카에서 선택한 땅은 누가 봐도 좋은 땅이었다. 물이 풍부하고 땅이 비옥한 데다 항구와 가까워서 물류 기지로도 적합했다. 외국의 대기업들은 부패한 아프리카 국가의 정부와 간단한 협약만으로 원하는 땅을 차지했는데, 그 땅에는 이미 조상 대대로 농사짓고 공동체를 이루며 살아온 원주민이 있었다. 이들은 스스로 황무지를 일구고 땅을 경작하며 살아왔기에 등록되지 않은 땅이 대부분이었다. 다국적기업은 이들 원주민을 몰아내고 스스로 지주가 되었다. 결국 원주민들은 땅과 식량을 빼앗기고 말았다.

더 심각한 문제는 대기업이 땅을 차지하고 원주민들의 자유로운 이동을 막는 행위가 분쟁의 씨앗이 될 수 있다는 것이다. 수단에서 처럼 말이다. 물론 남쪽의 농민들이 다르푸르에 펜스를 쳤다고 알려져 있다. 그러나 수단 남쪽에 있는 대규모 식량 생산 기지의 주인이 외국의 대기업이라는 사실을 감안한다면, 북쪽 유목민이 내려오는 것을 막기 위해 펜스를 친 것도 대기업이라는 사실을 알 수 있을 것이다.

유엔이 지정한 최빈국 중 하나인 수단은 정말로 찢어지게 가난한 나라다. 수단이 그처럼 지독한 가난에 시달리게 된 것은 기후 변화가 가장 먼저, 그리고 가장 심하게 발생한 지역이기 때문이다. 이처럼 가난한 나라의 국민들이 먹기에도 부족한 식량이 대기업에 의해 밖으로 흘러나가고 있다. 기후 변화로 인한 피해를 고스란히 떠안고 최빈국이 된 수단이 이제는 거대 자본의 탐욕으로 인해 더 깊은 빈곤의 수렁으로 빠지고 있다.

2017년 유엔본부는 사하라 사막 이남 아프리카에서 2160만 명이 아사 위기에 처해 있다고 발표했다. 그중 어린이 140만 명은 영양실조로 인해 죽음에 직면했다고 한다. 특히 남수단이 가장 심각하여 580만 명이 아사 상태라고 한다. 남수단에는 미국, 사우디아라비아, 한국, 카타르, 이집트, 쿠웨이트, 요르단의 거대 기업들이 땅을 빌려 식량을 생산하고 있다. 여기서 생산한 식량을 자국으로 가져가니 정작 남수단에서는 수많은 사람이 굶어 죽어가고 있다. 이런 말도 안 되는 일이 지금 지구촌 곳곳에서 벌어지고 있다. 기후 변화로 식량 생산이 줄어들었지만 기업은 여전히 돈을 벌고 있고 피해는 가난한 나라 사람들이 고스란히 떠안고 있다.

애초에 기후 변화를 일으킨 주범이 자본인데, 이익과 혜택도 알뜰하게 챙겨가고 있다. 어떠한 윤리적인 죄책감도 없이 말이다.

가난한 나라의 농지를 빼앗는 거대기업

2009년 국제사회에 큰 반향을 일으킨 보고서가 발표되었다. 유엔 식량농업기구(FAO)가 발표한 〈토지 수탈인가, 개발 기회인가〉라는 제목의 보고서다. 대기업이 저개발국가에 진출하면 어떤 일이 생기는지를 6만 건이 넘는 인터뷰를 통해 보여주는 이 보고서는 현장성 있는 내용과 선명한 주제로 세계 언론의 주목을 받았다. '수탈인가, 기회인가'라는 질문에 대해 이 보고서는 '토지 수탈'이라고 분명하게 결론을 맺고 있다.

대기업들은 저개발국의 농지를 차지하면서 "종자는 물론이고 농사 기술, 농기구도 없는 이들에게 개발 기회가 될 것"이라고 주장했지만, 결과는 전혀 다르다는 것이 보고서에 명백히 드러난다. 부패한 정권과 결탁하여 가장 좋은 땅을 정당하지 못한 절차로 계약해서 그곳에서 오랫동안 농사를 지어온 원주민을 몰아냈으며, 그 결과 원주민들은 더욱 굶주리게 되었다는 사실이 여러 인터뷰에서 드러났다. 토지 수탈의 과정과 결과는 너무 심각해서 경제 문제를 넘어 정치적, 윤리적 문제로까지 비화될 정도였다. 아프리카 국가들은 고용과 사회 기반시설을 늘리는 조건으로 농지를 해외 투자자들에게 빌려주었으나 실제로는 다국적기업이 무상으로 땅을 차지해서 생산한 식량을 수탈해가고 있는 것이나 다름없는 상황이었다.

이 보고서가 나올 시점에 가장 집중적으로 두들겨 맞은 기업이 있다. 바로 한국의 대우 로지스틱스였다. 한국은 많은 식량을 수입에 의존하고 있는 데다가 기후 변화로 식량 가격이 불안정해지면서 '식량 안보'라는 말까지 등장하는 상황이었다. 하루빨리 안정적인 식량 공급원을 찾는 것이 시급했다. 그러나 아프리카로 진출하려 했던 대우 로지스틱스의 야심찬 시도는 시작도 해보기 전에 좌절되었다.

대우 로지스틱스는 아프리카 대륙 남동부의 섬나라 마다가스카르 진출을 발표하면서 사람이 살지 않는 정글 지역을 개발하여 식량을 생산하겠다고 했다. 그러나 이 발표가 거짓이라는 사실이 곧 드러났다. 마다가스카르 전체 경작지의 절반인 130만 헥타르(경상남도 면적에 해당한다)를 계약했는데, 그곳은 버려진 땅이 아니라 주민들이 경작하던 농토였고 항구와 가깝다는 이점도 있었다. 이 땅을 부패한 정부에게 뒷돈을 주고 99년 동안 헐값으로 임대한다는 내용이 서구 언론을 통해 알려졌다.

국민의 70퍼센트 이상이 빈곤 상태에 있는 나라, 10세 이하 어린이의 약 70퍼센트가 영양 결핍으로 인한 성장 장애를 겪고 있는 나라, 그래서 유엔 세계식량계획(WFP)이 학교에서 무상급식을 실시하는 나라가 바로 마다가스카르다. 국민이 먹을 식량도 부족한 나라에서 가난한 농민들의 땅을 거의 빼앗다시피 해서 식량기지를 추진하려 한 것이다.

그즈음 세계 언론은 가난한 나라의 국민을 희생시키고 식량기지를 건설하는 것이 과연 도덕적인가 하는 의문을 제기하고 나섰다. 즉 대기업이 땅을 빌려 소작하는 문제가 국제사회에 중요한 의제로 등장한 것이다. 《타임》, 《가디언》을 비롯한 세계 주요 언론들이 이 문제를 집중적으로 보도했는데, 그중에서도 특히 대우 로지스틱스가 아이들이 굶고 있는 나라에 식량기지를 세운다는 사실에 비난을 퍼부었다. 최빈국의 땅을 빼앗다시피 하면서 이익을 얻으려는 모든 대기업을 향한 비난이었지만, 실제로 그 화살은 대우 로지스틱스가 다 맞은 꼴이 되었다. 대우 로지스틱스는 허술하고 어리숙한 데다 운까지 없었다.

엎친 데 덮친 격으로 2009년 마다가스카르에 쿠데타가 일어나 정권이 바뀌면서 대우 로지스틱스와의 계약은 없던 일이 되어버렸다. 언론의 집중 공격을 받고 국가와 기업 이미지만 실추된 채 실익도 챙기지 못하고 한국의 해외 식량기지 건설 계획은 끝이 났다. 반면 유럽과 중국 같은 나라의 기업들은 순조롭게 정착했다. 스위스의 네슬레나 중국 측은 이미 아프리카의 많은 땅을 차지하여 식량을 빼내가면서도 훨씬 세련되고 교묘한 전략을 구사하여 세계 언론과 국제기구의 비난을 비켜갔다.

이처럼 기업은 저개발국가에 진출하면서 지역 공동체를 전혀 고려하지 않는다. 그 결과 오랜 세월에 걸쳐 형성된 지역의 공동체는 붕괴되고, 그곳에 살던 주민들은 터전에서 쫓겨나서 더욱 굶주리게 된다. 자연히 분쟁과 갈등이 발생하고 심하면 내전으로 번진다. 이것이 토지 수탈의 진정한 모습이다.

유엔 식량농업기구(FAO)가 펴낸 보고서를 보면, 식량 수입국과 대기업이 확보한 농지는 2009년에 250만 헥타르(한반도 면적의 11%)였는데, 2015년에는 3700만 헥타르(한반도 면적의 1.7배)로 6년 만에 열다섯 배 증가했다. 기후 변화가 특정 지역만이 아니라 여러 지역에서 나타나는 보편적인 현상이 되어갈수록 식량 생산은 더욱 불안정해질 수밖에 없다. 그러면 외국 자본은 가난한 나라의 농토를 더 많이 차지하려 들 것이다. 결국 강대국이 가난한 나라의 땅을 탐내는 것도 따지고 보면 기후 변화가 원인이다. 기후 변화로 식량 생산이 감소하고, 이로 인해 부자 나라와 가난한 나라의 격차가 더 벌어지는 악순환이 이미 시작되었다.

우리가 기억할 것은 비도덕적이고 비인도적인 토지 수탈에 한국 기업이 발을 들이려 했고, 아프리카와 인도네시아 등에서 현재 진행 중이라는 사실이다. 다른 강대국들이 나름의 노하우로 가난한 나라의 농지를 수탈하는 데 성공한 것은 부끄러워할 일이지 부러워할 일

이 아니다. 우리가 잘못한 일에 대한 성찰과 반성, 그리고 우리에게
닥친 식량 문제와 기후 문제 해결을 위한 새로운 모색이 필요하다.

사막화, 내전, 테러 배후지가 동일한 이유

2007~2008년에 아프리카에서 식량 문제로 인한 폭동이 집중적
으로 발생했다. 30개 나라에서 60건이 발생했는데, 특히 수단, 말리,
차드 등에서는 식량 문제가 잔인한 학살과 내전으로까지 이어졌다.
그런데 여기에서 한 가지 사실을 발견할 수 있다. 사막화가 발생한
지역과 식량 폭동이 일어난 지역, 또 테러와 내전이 발생하는 지역
이 일치한다는 것이다. 더 나아가 유럽을 비롯한 서구 사회를 향한
테러의 배후지로도 이들 지역이 조심스럽게 거론되고 있다.

기후 변화로 사막화가 진행되어 식량이 부족해지는 것은 당연한
수순으로 보인다. 그런데 식량이 부족하다고 해서 모두 내전을 겪
고 테러의 배후 지역이 되는 것은 아니다. 무엇이 이 지역을 그런 비
극으로 몰아간 것일까? 사막화 지역과 식량 폭동, 내전 발생지, 그
리고 테러 배후지가 일치하는 이 현상을 어떻게 해석해야 할까?

내전과 학살은 수단에서 그랬던 것처럼 외국 자본이 들어가면서
촉발된 측면이 강하다. 대기업이 더 많은 이익을 뽑아내기 위해 울
타리를 치고 주민의 왕래를 막으면서 서로 총구를 겨누는 상황으
로 몰아갔다. 외국 기업이 농지를 차지하는 과정은 또 어떠했나?

기업은 쓸 만한 농지를 마음대로 사용하기 위해 그곳에 살던 주민들을 내쫓다시피 했다. 이 과정에서 지역 공동체는 완전히 무너지고, 주민들은 뿔뿔이 흩어져 난민 신세가 되었다. 마을 공동체가 무너지지 않았더라면 어렵더라도 그 안에서 뭔가 해볼 수 있었을 테고, 그러면 먹을 것을 찾아 국경을 넘지 않았을 것이다.

아프리카에서 공동체 붕괴로 벌써 약 2억 명이 고향을 등졌다. 하지만 고향을 떠나 도시로 가도 먹고살 길이 막막하기는 마찬가지다. 국경을 떠도는 젊은이에게 잘 차려입은 신사가 다가와서 맛있는 음식을 사주고 멋진 옷을 사 입혀주고 돈도 주면서 위로해준다면, 외로운 청년들은 낯선 은인에게 의존할 수밖에 없다. 그리고 몇 달 후 난민 청년은 폭탄 달린 조끼를 입은 채 테러를 벌이게 된다. 이 같은 자살테러 과정은 단순히 지어낸 이야기가 아니다. 실제로 아프리카와 유럽, 중동 지역에서 빈번히 일어나고 있는 현실이다.

이처럼 공동체 붕괴는 테러리스트를 양산할 수 있다. 어려운 이웃을 공동체가 거둘 수 있었다면 나고 자란 곳을 떠나지도 않았을 테고, 낯선 사람의 유혹에 넘어갈 일도 없었을 것이다. 그러므로 공동체가 붕괴되지 않았다면 이들이 테러 집단에 가담하는 일도 결코 일어나지 않았을 것이다. 결국 끝없는 자본의 탐욕이 공동체를 망가뜨렸고, 어린 청소년들을 테러에 가담하게 만든 것이다.

고향에 돌아갈 희망마저 빼앗긴 아프리카의 환경 난민에게 유일한 희망은 일자리를 찾아 유럽으로 건너가는 것이다. 매년 100만 명이 넘는 난민들이 목숨을 걸고 지중해를 건너 유럽으로 가고 있다. 대다수 난민이 지중해를 건너기 위해 브로커에게 줄 돈을 모은다. 유럽으로 가는 희망 하나를 바라보면서 말이다. 이미 유럽으로 넘어간 아프리카 난민만 해도 1000만 명이나 되고, 그보다 더 많은 난민이 지금도 유럽으로 가기 위해 국경을 헤매며 돈을 모으고, 난민 브로커를 만나고 있을 것이다. 아프리카를 떠났으나 유럽에 닿지 못하고 불안에 떨며 헤매는 사람들도 있고, 불의의 사고로 죽음을 맞은 사람들도 있다. 타국으로 가려는 난민의 소망이 성공하건 좌절하건 그들 앞에 놓인 현실은 녹록하지 않다. 난민 문제는 갈수록 복잡해져서 언제 어떻게 터질지 모르는 민감한 문제가 되고 있다.

분명한 사실은 이 모든 현실이 기후 변화에서 비롯되었다는 것이다. 그러므로 기후는 인권 문제이자 안보 문제이고 생명의 문제, 평화의 문제다. 이렇게 기후 문제는 개인의 삶과 깊숙이 연결되어 있다. 인도주의 단체들이 갈등이 불거질 때 군사적 개입으로 문제를 해결하려고 하는 것은 기후 문제에 관한 인식이 부족하기 때문이다. 기후 변화가 초래한 심각한 문제들을 겪어온 아프리카의 경험이 무엇을 말해주고 있는지 읽어내는 일은 우리의 몫이다.

아시아, 아프리카를 닮아가고 있다

지금까지는 기후 변화 혹은 환경 난민이라고 하면 대부분 아프리카를 먼저 떠올렸다. 사하라 사막 인근 지역에 닥친 사막화는 가난한 나라들을 내전으로까지 몰고 갔다. 그 결과 대규모 난민과 굶어 죽어가는 기아 피해자들을 양산했다. 2억 명이 넘는 난민이 고향을 떠나 다른 지역으로 이주하거나 국경을 떠돌고 있는 상황이다. 따라서 아프리카에서 대규모 환경 난민이 새롭게 생겨날 여지는 많지 않다. 난민의 역사가 오래되고, 이미 심각하게 파괴된 아프리카는 세계은행 및 유엔이 개입하여 이 재앙이 남긴 상처에서 벗어나기 위해 안간힘을 쓰고 있다.

하지만 2008년부터 2012년까지 단 5년 사이에 1억 4400만 명의 환경 난민이 새로 발생했다. 이번에는 아프리카가 아니라 아시아에서였다. 새로운 환경 난민 중 적어도 70~80퍼센트가 아시아에서 발생했을 것으로 추정된다. 단연 압도적인 규모인 데다 그 수는 앞으로 더욱 늘어날 전망이다. 중국 국토의 27퍼센트, 몽골의 78퍼센트가 사막화가 이미 진행되었다. 특히 몽골에서 많은 환경 난민이 생겨났다. 중국과 달리 몽골의 사막화는 쉽게 줄어들 수준이 아니라는 데 문제의 심각성이 있다. 몽골은 사막화로 인해 이미 전체 인구의 10퍼센트가 환경 난민으로 살아가고 있다.

그런가 하면 열대 지방에 위치한 필리핀, 파키스탄, 미얀마, 인도네시아 등에서 태풍과 사막화, 열파(heat wave)로 삶의 터전을 잃은 환경 난민이 대거 발생했다. 2008년 미얀마에서는 사이클론 나르기스가 들이닥쳐 150만 명의 환경 난민이 발생했으며, 2013년 필리핀에서는 태풍 하이옌으로 무려 480만 명의 이재민이 발생했다. 베트남, 라오스, 캄보디아는 물 부족과 홍수에 무방비로 노출된 상황이라 기후 변화로 심각한 타격을 받을 수 있다. 이처럼 아시아에서는 현재 기후 변화가 거세게 진행 중이다.

아시아는 어쩌면 아프리카와 같은 길을 가게 될지도 모른다. 아프리카의 비극을 아시아가 답습하지 않으려면, 점점 심화되고 있는 기후 변화의 속도를 늦추고 사막화가 확대되지 않도록 특별한 노력을 기울여야 한다.

현재 아시아의 실상은 어떤가? 2000년대 들어 지구상에서 발생하는 온실가스가 엄청나게 늘어났다. 유럽은 1990년에 비해 온실가스가 오히려 줄었고, 미국은 1990년 50억 톤에서 2011년 54억 톤으로 거의 비슷한 수준을 유지하고 있다. 다른 지역도 그다지 큰 폭으로 증가하지는 않았다. 그런데 유독 아시아는 1990년 57억 톤에서 2012년 153억 톤으로 거의 세 배가 늘었다. 최근 지구에서 벌어지는 기후 변화의 주범은 아시아라고 해도 과언이 아니다.

유난히 아시아에서 온실가스 배출이 많아진 것은 경제가 급속도로 성장하고 있기 때문이다. 여기에 가장 큰 역할을 하는 나라가 중국과 인도이고, 한국이 그 뒤를 잇고 있다. 한국은 온실가스 총 배출량이 1990년대에 비해 2.5배 이상 증가했으며, 국민 1인당 이산화탄소 배출량도 다른 선진국에 비해 훨씬 많다. 유럽공동체의 합동연구센터(European Commission, Joint Research Center)가 2015년에 작성한 보고서에 따르면 영국은 6.5톤, 독일은 9.3톤, 일본은 10.1톤, 중국은 7.6톤인 데 비해, 한국은 12.5톤이다.

이처럼 아시아가 기후 변화에 큰 원인을 제공하고 있고, 그중 한국의 비중이 적지 않다는 사실을 진지하게 성찰해야 한다. 온실가스 배출이 많다는 것은 다 같이 사용하는 지구를 우리가 앞장서서 망가뜨리고 있다는 것이며, 동시에 지구의 안녕을 희생하여 경제적 이익을 얻고 있다는 것이다. 이제 아시아의 기후 변화에 책임을 느끼고, 새로운 시각으로 경제와 성장을 바라보아야 한다.

아프리카에서 기후 변화가 식량 문제를 넘어서 빈곤, 인권, 안보, 평화 문제로까지 비화되었던 것을 고려하면, 지금 아시아에서 진행 중인 기후 변화가 달리 보일 것이다. 집을 잃은 아프리카 환경 난민의 고통, 이들의 배고픔과 외로움을 파고드는 테러 조직, 경작지와 목초지를 잃은 사람들이 엉뚱한 대상을 향해 총구를 겨누는 비극이 아시아에서 일어나지 말란 법이 없다. 어쩌면 지금까지 드러난 문제보다 훨씬 더 복잡하고 어려운 일들을 겪게 될 수도 있다. 그 일부가 이미 아시아의 힘없는 나라들에서 서서히 드러나고 있다.

기후 문제는 어느 한 지역이나 국가에서 발생했다고 해서 그 나라만의 책임이라고 할 수 없으며, 그 나라 혼자서 해결할 수도 없는 공동의 문제다. 아시아가 새로운 기후 변화의 중심지가 되어가고 있는 이 시점에, 아시아의 작은 나라들이 겪는 기후 문제를 외면하고 우리만 잘살면 된다고 생각할 수 없는 이유가 바로 여기에 있다.

◉
기후 변화는
왜 약자에게 더 가혹한가
◉

미얀마 슈퍼 태풍이 남기고 간 지옥

    마치 거대한 호수 같았다. 논과 밭도 모두 잠겨 있었다. 푸른 물 밑으로 시름에 잠긴 마을이 내려다보였다. 집은 앙상한 뼈대만 남긴 채 몸을 웅크리며 떨고 있는 듯했다. 부서진 조각배가 어느 집 기둥 위에 걸쳐 있고, 죽은 소들이 물위에 둥둥 떠서 지나갔다. 마을 앞 키 큰 나무들도 어깨까지 물속에 잠긴 상태였다. 물살에 어른거리는 나뭇가지 중간쯤에 무언가 불룩하게 매달려 있는 게 보였다. 열매일까? 하나가 아니었다. 둘, 셋, 넷…… 열…… 스물…… 나무 한 그루 한 그루마다 울긋불긋한 열매를 몇 개씩 매달고 있었

다. 열매에서 뻗어 나온 팔다리가 물속에서 어른거렸다. 그제야 그
것의 정체가 드러났다. 나뭇가지에 누에고치처럼 허리를 묶은 아이
들의 시신이었다. 나무에 매달려 있던 슬픈 영혼이 나를 물끄러미
올려다보는 듯했다. 이것이 사진 한 장이 나에게 전해준 그날의 이
야기다.

　2008년 5월 2일 새벽 미얀마 남서부를 사이클론 나르기스가 덮
쳤다. 13만 6000명이 잠자다가 느닷없이 들이닥친 태풍에 목숨을
잃었다. 그들은 여느 때와 다름없는 내일을 기대하며 잠자리에 들
었을 것이다.

　동남아시아에서 4월에서 9월 사이에 발생하는 태풍은 사이클론
이라는 이름이 따로 있을 만큼 일상적인 기후 현상이지만, 나르기
스는 차원이 다른 초대형 사이클론이었다. 바람의 세기를 0부터 12
까지 등급을 나누어 분류할 때 최고 등급이 시속 117.72킬로미터인
데, 나르기스는 최대 풍속 241킬로미터를 기록했으니 그 위력이 얼
마나 대단했는지 짐작할 것이다. 게다가 발생 지역과 이동 경로도
달랐다. 사이클론은 보통 인도양의 적도 지역에서 발생하여 방글라
데시로 향한다. 그런데 바닷물 온도가 상승하면서 적도가 아닌 북
위 20도 태국 근처에서 태풍이 발생했고, 평소 경로와 달리 방글라
데시가 아닌 미얀마로 방향을 틀었다. 즉 지구 온난화가 태풍의 방
향과 세기를 바꿈으로써 전례 없는 대재앙을 불러온 것이다. 미얀
마에서 만난 80대 노인은 평생 살면서 나르기스 같은 태풍은 처음
이라고 했다.

미얀마는 순식간에 생지옥으로 변했다. 사람들이 살던 마을과 논과 밭이 순식간에 물바다가 되었다. 해일로 밀려온 물은 일주일 이상 빠져나가지 않고 고여 있었다. 주거지와 농경지에 물이 차올라 파랗게 변한 모습이 위성사진으로 확인될 정도였다. 나르기스가 미얀마 남쪽 아야르와디 삼각주를 강타하여 13만 6000명이 죽고, 150만 명의 이재민이 발생했다는 보도가 전 세계로 타전되었다.

나는 한차례 태풍으로 그렇게 많은 사망자와 실종자가 발생한 경우를 본 적이 없다. 그토록 짧은 시간에 그렇게 많은 사람이 죽을 수 있다는 사실이 믿기지 않을 정도였다. 더욱이 물속 나무에 매달려 있는 어린아이들의 시신이 찍힌 사진은 너무나도 큰 충격이었다. 왜 전부 아이들이었을까? 이런 의혹은 미얀마 현장에 가서 생존자들을 만나고 나서야 풀렸다.

내가 간 섬의 마을에는 원래 3000명이 살았는데, 태풍으로 바닷물이 순식간에 6미터 높이까지 차오르는 바람에 2500명이 죽고 500명만 살아남았다고 했다. 생존자들에게 어떻게 태풍 속에서 살아남을 수 있었는지 물었다.

"큰 나무 위에 올라가 나무를 꽉 붙들고 있었어요. 바닷물이 밀려와서 쓸려갈 뻔했지만 있는 힘을 다해 꽉 붙들었지요."

그러고 보니 살아남은 사람들은 모두 성인 남성이었다. 바닷물과 태풍에 떠내려가지 않을 만큼 근력을 가진 사람들이었다. 생존자 중에 아이와 여성, 노약자, 몸이 불편한 사람은 눈에 띄지 않았다.

"태풍이 들이닥쳤을 때 우리는 먼저 아이들을 커다란 나무 기둥에 꼭 묶어놓았습니다. 밀려오는 바닷물에 떠내려가지 못하게 말이죠. 그런데 물이 생각보다 더 많이 들어오는 바람에 아이들은 나무에 매달린 채 물속에 갇혀버렸습니다."

그래서 시신이 떠내려가지 않고 나무에 매달려 있었던 것이다. 건져낸 시신은 모두 아이들이었다. 나무에 몸을 묶을 틈도 없고, 나뭇가지라도 붙들고 버틸 힘이 없던 여성들은 그대로 물에 휩쓸려갔다. 이들의 사연 하나 하나가 내 가슴을 쳤다.

나르기스의 강타를 미얀마 정부는 전혀 예측하지 못했을까? 미얀마의 세계적 기상학자인 툰르윈(Tun Lwin) 박사는 2008년 당시 미얀마 기상청 책임자로 근무하고 있었다. 인도 기상청은 나르기스가 미얀마에 상륙할 것이라는 정보를 미얀마 기상청에 전달했다고 한다. 툰르윈 박사는 미얀마 정부에 나르기스의 위험성을 여러 차례 알렸다. 그럼에도 불구하고 실권을 쥐고 있던 미얀마 군부는 이 보고를 무시했다고 한다. 미얀마 군부의 무대책은 결국 아무런 정보도 없는 주민들을 죽음으로 몰아넣었다. 어쩌면 그들도 나르기스가 그처럼 엄청난 위력을 발휘할지 미처 몰랐을 수 있다. 넓게 흩어져 사는 수많은 사람을 신속하게 대피시키는 일이 생각보다 어려운 일일 수도 있다. 하지만 권력자 본인과 가족의 생명이 달려 있었더라도 그렇게 속수무책이었을지 묻고 싶다. 아마도 위험과 어려움을 무릅쓰고라도 대피시키는 결단을 내리지 않았을까.

기후 변화가 발생했을 때 가장 먼저, 가장 크게 피해를 볼 사람이 누구인지 미얀마의 슈퍼태풍은 분명하게 보여주었다. 기후 변화가 결국 인권 문제가 될 수밖에 없는 것도 이 때문이다. 미얀마만이 아니다. 다른 지역에서도 어린이와 여성이 가장 많이 고통 받고, 가장 힘들게 살아가고 있다.

기후 변화는 한 지역을 파괴시킨다. 도시로 가서 입에 풀칠이라도 하려면 건강하고 힘이 좋아야 한다. 평생 농사나 목축을 해온 사람들이 도시에서 할 수 있는 일은 막노동뿐이기 때문이다. 성인 남성은 혹독한 고생을 하기는 해도 도시로 가서 먹고는 산다. 그나마도 할 수 없는 사람들은 버려진 마을에 남아 굶주림과 질병에 시달리다 고통스럽게 생을 마감한다. 끝까지 마을에 남아 있는 사람은 여성과 아이, 노인, 몸이 불편한 장애인들이다. 정부의 손길이 닿지 않는 땅에 사는 이들은 정부의 관리도 보호도 받지 못한 채 살아가고 있다. 여기에서 심각한 인권 문제가 발생하게 된다. 그러므로 기후 변화를 이해하지 못한 채 인권 문제를 이해하기는 어려우며, 기후 변화를 도외시하고 인권 문제만 논의하는 일은 때로 무의미하다.

사실 기후 변화의 피해는 가난하고 힘없는 사람들에게 더 가혹하다. 평균 기온이 상승하여 도시에 열파 현상이 생기거나, 지구 온난화로 북극의 찬 공기가 내려와서 갑작스러운 한파가 들이닥친다 해도 잘사는 사람들은 안전한 문명의 혜택 뒤에 숨을 수 있다. 가난한 사람들이 가장 먼저, 그리고 가장 큰 피해자가 될 수밖에 없다. 찜통더위에도 에어컨을 켤 수 없고, 한파에도 난방을 못하고 사는 사람들이다. 이처럼 기후 변화로 인한 피해는 철저히 빈곤의 순서대로 찾아온다. 가난한 사람부터, 또는 여성과 어린이, 장애인, 노인 등 약한 사람들부터 찾아온다. 나중에는 결국 부자들도 기후 변화의 피해자가 되겠지만 말이다.

부자 나라에도 환경 난민이 있다

2005년 미국 뉴올리언스에 불어닥친 허리케인 카트리나는 기후 변화의 위기가 이제 저개발국가만의 문제가 아니라는 것을 보여주었다. 초속 70미터의 카트리나가 뉴올리언스의 폰차트레인 호수 제방을 무너뜨리자 도시의 80퍼센트가 폐수에 잠겼다. 이로 인해 1000여 명이 목숨을 잃었고 수십만 명이 뉴올리언스를 떠났다. 이 가운데 28만 명은 10여 년이 지난 지금까지도 집으로 돌아가지 못한 채 낯선 도시를 떠돌고 있다. 세계에서 가장 부자 나라인 미국에서도 환경 난민이 발생한 것이다.

카트리나가 일상적인 허리케인 수준을 넘어 슈퍼태풍으로 발달한 것은 멕시코만의 온도가 0.5도 상승한 것과 직접적인 관련이 있다. 매사추세츠 공과대학교(MIT) 연구진은 《네이처》에 발표한 논문에서 해수면 온도가 상승하면서 허리케인의 위력이 두 배 커졌다는 사실을 밝혀냈다. 0.5도 기온 상승이 결국 수많은 사상자와 환경 난민, 1000억 달러의 재산 피해를 가져온 것이다.

사실 카트리나가 발생하기 몇 년 전에 이미 이상 기후를 감지하고 초대형 허리케인의 발생을 경고하는 목소리들이 있었다. 2002년 뉴올리언스의 한 지역 신문에 슈퍼 허리케인에 관한 시나리오가 연재되었다. 조만간 허리케인이 이 지역을 덮칠 것이고, 20만 명으로 추산되는 빈곤층이 대피하지 못해 수천 명이 사망할 것이라는 예측이었다. 당연히 연방정부와 루이지애나 주정부, 뉴올리언스 정부에 신속한 대책을 요청했다. 그러나 정부는 이 경고에 귀 기울이지 않았다. 그로부터 3년 후 시나리오는 현실이 되었다.

미국 정부는 도대체 무엇을 하느라 바빠서 이 중대한 사안을 제쳐놓고 있었던 걸까? 당시 부시 정부는 이라크에 온 정신이 팔려 있었다. 뉴올리언스 태풍은 이라크 문제에 비해 덜 중요하게 여겨졌다. 카트리나가 발생한 후 전문가들은 "이라크에 정신이 팔려 국민에게 닥친 재난을 해결할 자원을 써버렸다", "카트리나는 지구 온난화에 대한 정부의 무관심에 보복을 가한 것이다"라며 정부를 비난했다. 미국 정부는 반박하지 못했다. 정부가 아무 대책 없이 시간을 보낸 결과 수천 명의 시민이 폐수로 오염된 바닷물에 익사하거나 구조를 기다리다 탈수와 질병으로 목숨을 잃었다는 사실은 변명할 여지가 없었기 때문이다.

태풍이 코앞까지 와서 미시시피 강이 넘친다는 급박한 소식이 전해지자 주민들은 짐도 못 챙기고 겨우 몸만 빠져나왔다. 몸이라도 빠져나오면 그나마 다행이었고, 위험을 알면서도 탈출하지 못한 사람들도 있었다. 당장 다른 지역으로 대피하려고 해도 타고 갈 자동차가 없는 사람들이었다. 결국 가난한 사람들, 거동하기 힘든 노인이나 환자들은 위험 지역을 빠져나갈 방법이 없었다. 이처럼 지역에 남았다가 구조된 사람도 있었지만 그렇지 못한 사람도 많았다. 이동 수단이 없는 가난한 사람들에게 카트리나는 피할 수 없는 재앙이었다.

사태의 심각성을 깨달은 정부가 뒤늦게 한 일이라고는 대피를 알리는 것과 임시 보호소를 마련하는 정도였다. 지붕 위에 고립된 주민들, 임시 보호소로 사용된 실내 축구경기장에 수많은 이재민이 모여드는 모습, 물바다로 변한 뉴올리언스 도심에 시신이 떠다니는 모습이 언론을 통해 전해졌다. 초강대국 미국에서 벌어진 일이라고는 믿기 힘들었다. 그렇게 슈퍼태풍이라는 기후 위기 앞에서 미국은 무능하고 무기력한 모습을 보여주었다.

세계 최고의 부자 나라인 미국에서 카트리나의 습격으로 가장 먼저 죽은 사람들은 땅이 없는 가난한 사람들이었다. 땅이 없는 사람들은 주로 호수나 강의 둑 아래쪽에 집을 짓는다. 그곳은 대부분 공유지여서 집을 짓고 살아도 뭐라 하는 사람이 없기 때문이다. 하지만 태풍이나 홍수로 물이 넘치면 그곳에 사는 사람이 가장 먼저 피해를 입게 된다. 결국 카트리나는 부자 나라 미국에서 가난한 사람들의 생명과 삶을 송두리째 파괴해버렸다. 막대한 돈이 구호자금으로 투입되어 피해 지역을 복구하는 데 사용되었지만, 흑인 거주 지역이나 교육 시설은 뒷전으로 밀렸다는 얘기도 들린다. 기후 변화로 한 사회의 가장 약한 사람들이 가장 많은 피해를 보고, 피해 복구에서도 소외되는 현상은 선진국 미국에서도 크게 다르지 않은 모양이다.

2003년 폭염이 유럽을 덮쳤을 때 3만 5000명이 사망했다. 가장 큰 피해자는 노인들이었다. 에어컨도 없고 시원한 휴양지로 여름휴가도 못 가는 노인들은 몇 주째 이어지는 무더위를 이기지 못하고 열사병으로 쓰러졌다. 특히 혼자 사는 노인은 병원으로 옮기거나 응급 처치를 해줄 사람이 없어서 그대로 죽음을 맞이했다. 지금은 가장 힘없는 사람들이 기후 변화로 인한 피해를 가장 많이 입지만, 기후 변화가 더 심해지면 피해를 입는 계층은 더 넓어질 수밖에 없다. 이대로 계속 지구 온도가 상승하고 사막화가 진행된다면 다수의 사람들이 기본적인 권리마저 보장받지 못하는 날이 오리라는 것은 분명하다.

도시 빈민에서 환경 난민으로, 필리핀 극빈자의 끝없는 추락

빈곤과 도시 문제, 그리고 기후 변화는 서로 별개의 문제인 것 같지만 자세히 들여다보면 결국 하나인 경우가 많다. 필리핀에서도 도시 빈민 문제는 가장 큰 골칫거리인데, 그 원인을 찾아가다 보면 기후 변화 문제와 맞닥뜨리게 된다. 최근 필리핀에서 새롭게 발생하는 도시 빈민은 환경 난민이 대다수다.

2013년 11월 8일에 태풍 하이옌이 필리핀을 강타했다. 태풍 관측 사상 최고 수준을 기록한 초강력 태풍으로 종래의 슈퍼태풍보다 두 배는 강력했다. 하이옌은 태풍 경보의 최고 수준인 5등급보다 훨씬 센 바람과 하루 1000밀리미터가 넘는 폭우, 그리고 6미터가 넘는 높은 해일까지 몰고 와서 마을을 순식간에 집어삼키고 농지를 물바다로 만들었다. 사망자 수는 7300명이 훌쩍 넘었고 무너진 가옥은 120만 채, 이재민은 480만 명에 이르렀다.

그런데 이후에도 슈퍼태풍이 그치지 않는 것이 큰 문제다. 계속되는 태풍에 연속적으로 피해를 입은 이재민들이 결국 난민으로 추락하는 일이 큰 사회 문제가 되고 있다.

필리핀은 워낙 농작물이 잘 자라는 기후라 땅이 조금만 있어도 먹고살 수 있다. 씨앗을 심기만 하면 잘 자라기 때문에 금방 수확할 수 있다. 결국 필리핀에서 빈곤 문제는 땅을 갖지 못한 사람들의 문제라고 할 수 있다. 하지만 아직 봉건적 경제체제가 남아 있어 가난한 사람이 아무리 열심히 일해도 땅을 소유하기란 쉽지 않다. 버려진 땅을 개간해서 농사를 짓고 있어도 정부에 등록하지 않았다는 이유로 하루아침에 쫓겨나는 일이 허다하다.

땅이 없는 가난한 사람들은 주인 없는 땅을 찾아야 하는데, 그러다 보면 대부분 강가나 바닷가 등 저지대에 모여 살게 된다. 미국 뉴올리언스에서 강과 호수의 둑에 집을 짓고 살던 가난한 사람들이 태풍의 첫 번째 피해자였다. 필리핀에서도 마찬가지다. 슈퍼태풍이 불어닥치면 강이나 바닷가에 사는 사람들이 가장 먼저 목숨을 잃는다.

다행히 살아남은 이재민은 마을 농구장에 마련한 임시 대피소에서 300~600명이 모여 살게 된다. 임시 대피소에 무한정 머물 수 있는 것도 아니다. 짧게는 3개월, 길어도 2년 안에 살 곳을 찾아 나가야 한다. 뾰족한 대책이 없는 이주민들은 임시 대피소에서 나오면 마닐라 같은 대도시로 향한다. 필리핀은 제조업이 거의 없어서 이주민이 일자리를 구하기는 거의 불가능하다. 이들은 결국 빈민가에서 가족 단위로 노숙을 하기도 한다. 그러다가 항만에서 부두노동자로 일하거나, 쓰레기 매립장에서 고철을 주워 팔거나, 막노동으로 하루하루를 연명하면서 어렵게 살아간다.

자연 재해로 이렇게 많은 국민이 도시 빈민과 노숙자가 되고 있는데, 정부는 도대체 무엇을 하고 있을까? 필리핀 정부도 태풍으로 집을 잃은 사람들에게 적어도 살 집 정도는 마련해줘야 한다는 것을 알기에 이재민이 임시 대피소를 나갈 때 살 집을 연결해준다. 그런데 실제로 가보면 무료가 아니라 임대료를 내야 하는 곳이다. 당연히 대부분의 이재민들에게는 그림의 떡일 뿐이다. 개발업자가 지은 이런 주택이 마닐라 남부에 6000~1만 채나 된다. 이재민이 발생하자 엉뚱하게 집을 지어주는 개발업자만 돈을 벌고 있는 셈이다. 태풍으로 집과 땅을 잃은 사람들이 새 터전을 찾지 못해 환경 난민으로 전락하고, 이 과정에서 개발업자의 배만 불리는 기막힌 일이 필리핀에서 실제로 일어나고 있다.

여기에서도 가장 큰 피해자는 여성과 아이들이다. 필리핀은 혼인 신고를 하려면 법적 절차가 까다롭고 돈이 들기 때문에 동거생활을 하는 부부가 많다. 이런 가정이 어려움에 빠지면, 가장이 일자리를 구하러 다른 지역으로 떠나고 아내와 아이들만 남아 생활하게 된다. 멀리 떠난 아빠로부터 소식도 끊기고 돈도 끊기면 이들은 극단적인 빈곤에 내몰릴 수밖에 없다. 게다가 혼인신고를 못한 엄마는 미혼모가 되고, 아이들은 친자녀로 인정되지 않아 엄마의 입양아로 살아야 한다. 이들이 가난의 굴레를 벗어나기란 거의 불가능하다.

빈곤 문제, 주택 문제, 도시개발 문제, 계층 갈등 문제, 소외된 여성과 아동의 문제 등등 필리핀에 산적한 문제 가운데 어느 것 하나 중요하지 않은 게 없고, 해결이 시급하지 않은 게 없다. 그러나 잘 생각해보면 많은 문제가 빈곤으로 귀결되고, 그 시작은 태풍으로 대표되는 기후 문제가 핵심이라는 것을 깨닫게 된다. 태풍이 올 때마다 새로운 난민이 발생하고, 이들이 극단적 빈곤층으로 살아가는 상황이 계속된다면 지금보다 상황이 더 나빠질 것이다.

필리핀은 1970년대까지만 해도 우리보다 잘사는 나라였다. 그러나 지금 필리핀은 제조업의 전멸로 사람들이 일자리를 구할 수 없는 상황이고, 잦은 태풍으로 환경 난민과 극단적 빈곤층이 확대되고 있다. 지금 필리핀이 겪는 문제와 상황이 남의 일만은 아니다. 1차 산업과 2차 산업이 취약해지는 산업구조, 기후 변화에 대처하지 못하는 안일한 태도는 정도의 차이는 있을지언정 우리나라도 크게 다르지 않다.

태풍 하이옌이 11월이라는 엉뚱한 시기에 발생하여 그렇게 큰 타격을 가할 줄은 필리핀 정부도 몰랐을 것이다. 게다가 지금처럼 슈퍼태풍이 끊이지 않고 습격할 줄은 꿈에도 몰랐을 것이다. 그러나 기후 변화 시나리오는 현실이 되었고, 사람들의 삶과 경제를 뒤흔

들고 있다.

이처럼 필리핀에 재앙의 얼굴로 찾아온 기후 변화의 책임은 누구에게 있는가. 필리핀보다는 다른 산업국가, 특히 아시아에서 급속한 경제 성장을 이룬 나라들의 책임이 크다. 때문에 단지 그들만의 문제라고 외면해서는 안 된다. 필리핀이 겪고 있는 복잡한 문제를 보면서 우리의 상황을 점검해야 한다. 동시에 그들의 고통에 책임을 느껴야 한다.

필리핀이 하이옌으로 고통당하고 있을 때 마침 폴란드 바르샤바에서 유엔 기후 변화 총회가 열리고 있었다. 이 자리에 참석한 필리핀 대표 예브사노(Yev Sano) 기후 변화 담당관은 자기 고향이 하이옌의 직격탄을 맞았다고 밝히면서, 총회가 의미 있는 결정을 내릴 때까지 단식을 하겠다고 선언했다. 연단에 선 그의 눈에서는 계속 눈물이 흘러내렸다. 그의 눈물과 호소는 전 세계 사람들의 마음을 움직였다. 그때 필리핀 대표가 기자들에게 했던 말이 잊히지 않는다. 그는 이렇게 울부짖었다.

"배고파 죽겠어요, 배고파 죽겠어요."

그의 눈물 섞인 호소에 나도 어느새 울고 있었다. 지금도 기후 변화로 인한 식량 문제를 우려하는 얘기를 들을 때면, 배고파 죽겠다던 필리핀 대표의 목소리와 눈물이 생각난다. 기후 문제는 곧 배고픔이다. 배고픔은 인간이 가장 먼저 해결해야 할 문제다.

2015년 4월 나는 예브사노와 다시 만났다. 촉망받는 고위 공직자였던 그는 이제부터 기후 변화로 고통 받는 지구촌의 가난한 사람들을 위해 남은 삶을 바치겠다고 다짐했다. 그는 먼저 기후 변화 민간 대사로 지구촌을 순례하면서 기후 변화의 참상을 알리고 많은 사람의 뜻을 모으겠다는 포부를 밝혔다. 이를 위해 공무원을 그만두고 시민운동가가 되었다고 했다. 나는 그에게서 어둠을 밝히는 한 줄기 빛을 보았다.

경제 성장은 어떻게
빈곤층을 더 가난하게 만들었나

절대빈곤이 개선되었다고?

2000년 이후 지구촌의 가장 큰 화두를 꼽으라면 '빈곤과 MDGs', 이 두 가지로 압축할 수 있을 것이다. MDGs(Millenium Development Goals: 밀레니엄 개발 목표)•는 유엔이 세계의 절대빈곤을 줄이기 위해 정한 여덟 가지 목표다. 지구상에는 절대적 빈곤 속에 살아가는 사람들이 있는데, 이들의 문제를 모두의 문제로 여기고 빈곤을 개선하

• 유엔은 절대빈곤자를 줄이기 위해 2015년까지 여덟 가지 목표를 실행하기로 했다. ①극심한 빈곤과 기아 퇴치 ②초등교육의 확대와 보장 ③성평등과 여성의 권익 보장 ④유아 사망률 감소 ⑤임산부의 건강 개선 ⑥에이즈와 말라리아, 기타 질병 퇴치 ⑦지속 가능한 환경 보호 ⑧개발을 위한 전 세계적 협력 구축.

기 위한 노력을 기울이자는 것이다. 절대빈곤을 줄이기 위한 조건도 구체적으로 제시되었다. 1990년에는 1인당 1달러 이하로 사는 사람이 36퍼센트였는데, 이를 2015년까지 절반인 18퍼센트로 줄이겠다는 것이다. 그리고 세계은행은 절대빈곤율을 18퍼센트까지 줄이기 위해 엄청난 투자를 했다. 과연 그 목표는 얼마나 이루어졌을까?

"36퍼센트이던 절대빈곤율을 2015년까지 18퍼센트로 줄이겠다는 목표를 넘어 12퍼센트까지 줄였다."

목표를 초과할 정도로 큰 성과를 거두었다는 것이다. 하지만 나는 개운하지 못한 느낌을 지울 수 없었다. 2012년 5월 21일 세계은행 연구소가 주최한 녹색무역(Green Trade) 회의에 참석했을 때 세계은행 관계자들과 허심탄회하게 이야기를 나눈 적이 있다. 그때 그들은 "지난 10년간 세계은행은 절대빈곤율을 줄이기 위해 엄청난 투자를 했지만 성과가 없다"라고 말했다. 공식 발표와 내부 의견에 큰 차이가 있을 수 있다고 생각한다. 그리고 수치상으로는 틀림없이 세계 경제가 성장했으며, 절대빈곤율도 떨어졌다. 하지만 정말 절대빈곤자의 수가 줄고 생활이 개선되었느냐고 묻는다면, 세계은행이나 유엔은 '그렇다'고 대답하기 어려울 것이다.

세계 경제가 성장하고 절대빈곤율이 떨어졌는데도 극단적으로 가난한 사람들의 수가 줄어들지 않았다는 게 무슨 뜻일까?

절대빈곤율이 감소한 것은 중국과 인도의 빠른 경제 성장 덕분이다. 물론 유엔이나 세계은행이 빈곤 저감을 위해 선하고 아름다운 일을 많이 했으리라고 믿는다. 하지만 그것이 빈곤 저감이라는 실효를 거두었는지에 대해서는 의문이다. 세계의 절대빈곤 감소량에서 중국과 인도의 감소량이 절반을 차지하기 때문이다. 중국만 해도 절대빈곤율이 18퍼센트 이하로 떨어졌다. 중국과 인도를 제외하면 다른 나라의 절대빈곤율은 오히려 더 높아졌다. 여기에서 중국과 인도의 경제 성장은 무엇을 만들어냈는지 생각해볼 필요가 있다.

1990년부터 2015년까지는 절대빈곤율이 36퍼센트에서 12퍼센트로 떨어지는 기간이다. 또한 이 기간에 기후변화협약이 만들어지고 사막화방지협약과 생물다양성협약이 가동되는 등 지구를 살리기 위한 노력이 지속적으로 이어졌다. 그런데도 같은 기간 동안 온실가스 배출량은 꾸준히 늘었다. 특히 아시아에서 증가가 두드러진다. 그중에서도 중국과 인도의 성장은 단연 압도적이다. 물론 온실가스 배출량도 압도적이다. 엄청난 성장에는 대가가 따르게 마련이다. 아시아 나라들이 급격하게 경제 성장을 하는 동안 기후 문제도 덩달아 심각해졌고, 환경 난민이 1억 4400만 명이나 발생했다. 그런데도 절대빈곤 감소 목표를 초과 달성했다고 말할 수 있을까? 세계은행에는 아마 숫자가 아닌 환경 난민이 살아가는 실제 모습을 아는 사람이 없는 듯하다.

해마다 지구상의 땅 12만 제곱킬로미터가 사막화되고 있다. 매년 대한민국 땅의 1.2배 정도의 경작지와 목초지가 사라지고 있는 것이다. 12만 제곱킬로미터가 사막화된다는 것은, 곧 식량 2000만 톤이 사라진다는 뜻이다. 한국의 1년 쌀 생산량이 280만 톤이므로 한국에서 7년간 생산한 쌀이 매년 지구촌에서 통째로 사라지고 있다고 보면 된다. 한편에서는 급속한 경제 성장에 환호하고 있을 때, 그들이 배출한 온실가스로 인해 가난과 굶주림에 시달리는 사람이 늘어나고 있다.

전 세계 160개 나라에 사는 21억 명이 사막화의 영향을 직접 받으며 살고 있다. 유엔의 발표에 따르면 기후 변화로 인해 30억 명이 하루에 2.5달러도 안 되는 수입에 의존해서 살아야 하며, 10억 명은 물을 제대로 쓸 수 없고, 24억 명은 전기도 사용하기 어려운 환경에서 살고 있다.

절대빈곤은 숫자만으로 다 파악할 수 없다. 땅이 사막화되면 그곳에 사는 동물과 식물도 망가지고, 그 지역의 경제는 파탄난다. 자연히 사람도 살 수 없게 된다. 그러므로 절대빈곤을 해결하기 위해서는 땅을 살려야 한다. 파괴된 생태계를 되살려 농사짓고 가축을 키우며 살아갈 수 있는 땅을 만드는 일이 절대빈곤을 개선하는 데 가장 중요하다.

미얀마의 숲과 정글이 사라지면서 생긴 일

....

8만 7000제곱킬로미터의 땅이 사막으로 바뀌면 어떤 일이 생길까? 대한민국 전체 면적에서 경상남도를 뺀 정도의 면적을 가늠해

보면 된다. 이렇게 넓은 땅이 불과 20여 년 사이에 사막화된 것이다. 이 믿기지 않는 일이 미얀마 중부 지역에서 실제로 일어났다.

우리는 미얀마를 정글이 우거진 나라로 알고 있다. 정글이 어떻게 사막 건조 지역으로 변할 수 있는지 의아할 것이다. 그러나 지금 미얀마에서 정글이 빠른 속도로 사라지고 있다. 대신 하루가 다르게 사막화 지역이 확장되고 있다. 사막으로 변한 땅에는 풀이 사라지고 듬성듬성 남아 있는 나무들은 힘겹게 버티고 있다. 미얀마도 전체적으로는 강수량이 많은 나라인데 언젠가부터 유독 이 지역만 비가 오지 않는다. 20년 전만 해도 1년 강수량이 2500밀리미터였는데, 지금은 350밀리미터로 줄었다. 심한 경우 우기에도 단 세 차례만 찔끔 내리고 마는 해도 있다. 그러다 보니 식수는 200미터 이상을 파야 겨우 나온다.

미얀마 중부 내륙에 비가 오지 않게 된 것은 숲과 정글이 사라지면서부터다. 이 지역 1500만 명 인구의 땔감으로, 그리고 해외 수출용 목재로 쓰기 위해 나무가 대량으로 베어졌다. 정글과 숲이 사라지자 비가 내리지 않게 되었다.

2013년 3월 건조화되고 사막화된 미얀마 중부 지역을 방문해서 현장 조사를 했다. 2000년 이전, 그러니까 사막화되기 전에는 3모작이 가능한 비옥한 땅이었다. 주민들은 농사를 지어서 한 가구당 1년에 1000달러, 우리 돈으로 100만 원가량을 벌었다. 강수량이 줄자 벼농사 대신 가뭄에 강한 땅콩으로 재배 작물을 바꾸었다. 사실 지금은 땅콩 농사라도 지을 수 있으면 다행이다. 비가 오는 날 때를 놓치지 않고 파종해야 하는데, 만일 파종 시기에 비가 오지 않으면 한 해 농사를 아예 시작도 못한다. 적은 양이라도 비가 와서 땅콩 농사를 지으면 1년에 겨우 30만 원 정도 번다고 한다. 1일 수입으로 계산해보면 한 가구당 하루 1달러가 채 안 된다. 2000년 이전에는 한 가족이 하루에 2.5달러가량을 벌었는데, 사막화 이후에는 하루 1달러 이하로 살아가게 된 것이다.

알다시피 미얀마는 2008년 5월 초 사이클론 나르기스가 끔찍한 상흔을 남긴 곳이다. 그러니까 미얀마의 해안은 강력한 열대성 태풍으로 초토화되고, 중부 지역은 비가 내리지 않아 빠르게 사막화되는 두 가지 기후 변화가 동시에 진행되고 있는 것이다. 한 나라에서 두 가지 상반되는 기후 현상이 발생하는 이상한 일이 이 나라에서는 이제 일상화되어 있다. 그래서 미얀마는 최근 '기후 변화의 전시장'이라는 수식어를 달고 자주 거론된다.

나르기스가 강타한 미얀마 남서부 아야르와디 삼각주는 세계 최고의 곡창지대로 인구 700만 명이 거주한다. 또 사막화가 빠르게 진행 중인 중부 지역에는 1500만 명의 인구가 산다. 기후 변화로 고통 받는 다른 지역의 인구까지 합하면 현재 미얀마 인구 5300만 명 중 절반이 기후 변화 피해 지역에 살고 있는 것으로 파악된다. 이들은 절대빈곤의 늪 속으로 점점 더 빨려 들어가는 중이다.

이것이 전부가 아니다. 사실은 앞으로가 더 심각하다. 미얀마의 기후 변화는 갈수록 더 심해질 것으로 예측되기 때문이다. 아시아의 다른 나라에서도 변화의 조짐이 서서히 나타나고 있다. 미얀마의 기후학자 툰르윈 박사에 따르면, 기상 이변에 해당하는 엘니뇨와 라니냐 현상이 1980년대에는 약 7년 주기로 발생했는데, 최근에는 1년 혹은 2년 주기로 발생한다고 한다. 앞으로 사막화와 슈퍼태풍은 더 심해질 것이며 그로 인해 절대빈곤 상태에서 살아가는 사람도 늘어날 것이다. 기후 변화는 가난한 사람을 더 가난하게 만든다. 지구가 기후 변화라는 늪에서 빠져나오지 못하는 한 절대빈곤을 해결하는 것은 불가능하다.

빈곤 문제, 결국은 기후 문제

인도 빈민가를 다룬 영화 〈슬럼독 밀리어네어〉는 2008년 아카데미상 8개 부문을 석권할 만큼 작품성을 인정받았지만, 정작 인도인들에게는 냉대를 받았다. 인도의 치부만을 골라서 담았기 때문이다. 영화 속 아이들은 화장실도 하수시설도 없는 집에서 살고, 쓰레기 더미와 함께 지낸다. 집과 집 사이에 쓰레기 강이 흐르고 그 위에 놓인 엉성한 나무다리를 지나다닌다. 주인공의 어린 시절을 연기한 아역 배우들을 감독이 빈민가에서 직접 캐스팅했는데, 영화가 흥행한 후에도 아이들이 여전히 그곳에 살고 있다고 해서 세간의 화제가 되었다. 빈민가의 참혹한 실상을 여과 없이 보여준 리얼리티야말로 이 영화의 백미로 꼽힌다.

인도는 최근 급격한 경제 성장을 이루며 IT강국으로 우뚝 섰지만, 빈곤층 문제는 여전하다. 아직도 4억 명이 전기를 사용하지 못하고 있으며, 수백만 가구가 화장실이 없는 집에서 살고 있다. 화장실이 없으면 배설물을 제대로 처리하지 못하기 때문에 지하수가 오염되고, 이로 인해 전염병이 발생한다. 인도만이 아니라 세계 곳곳에서 화장실이 없어서 생기는 문제로 많은 사람이 죽어가고 있다. 20초에 한 명, 1시간에 171명, 하루에 4000명, 1년에 150만 명이 목숨을 잃는데, 대부분 아이들이다. 아이들은 면역력이 약해서 쉽게 병에 걸리고 병을 이겨내지도 못한다.

화장실이 없는 것은 물 부족과 연관이 있다. 우리가 생각하는 위생적인 화장실을 만들려면 에너지와 물이 필요하다. 현재 물이 부족한 곳에 사는 사람이 160개 나라, 28억 명에 이른다. 그중 9억 명은 '깨끗한 물'을 구경하기도 어렵다. 이 사람들은 오염된 물을 마시고, 이로 인해 목숨을 잃기도 한다. 마실 물도 부족한데 위생적인 화장실을 만들고 관리할 여유가 없다.

게다가 경제가 성장해도 물이 부족하고 자연 환경이 열악해지면 해결할 수 없는 문제들이 있다. 유엔의 보고에 따르면 현재 물 부족으로 고통을 받는 사람이 전 세계에 28억 명인데, 10년 후 이 수는 53억 명으로 늘어날 전망이다. 경제 성장은 더 많은 온실가스를 배출하고, 이는 각종 재난과 사막화, 물 부족이라는 문제로 인간에게 되돌아온다. 이 자연의 역습을 최전선에서 받아내는 것은 극빈층의 몫이다.

몇 년 전부터 중국의 환경과 인권 문제가 중요한 이슈로 떠올랐다. 급속한 경제 성장을 위해서 치러야 했던 대가가 뒤늦게 수면 위로 떠오르면서, 이제 그들만의 문제가 아니라 주변국과 국제사회 전체의 문제가 되고 있다.

국제사회는 2000년대 들어서 MDGs(밀레니엄 개발 목표)를 선언하고 절대빈곤율 감소를 위해 노력해왔다. MDGs를 마무리한 2015년, 국제사회는 두 가지 중요한 결정을 내렸다.

첫 번째는 유엔 총회에서 2016년부터 2030년까지 실행할 'SDGs (Sustainable Development Goals: 지속 가능한 개발 목표)'를 정한 것이다. 앞서 밀레니엄 개발 목표인 빈곤 문제는 개발도상국과 최빈국만을 대상으로 했지만, SDGs는 개발도상국과 최빈국뿐 아니라 선진국까지 포함한다. 당연히 한국도 들어간다. SDGs에서는 17개 목표•를 정했는데, 이것을 모두 아우르는 핵심은 '인권'이다.

두 번째는 파리 기후협정이다. 1997년 교토의정서에서도 온실가스를 줄이자는 약속을 했지만, 이때는 감축 대상이 선진국만이었다. 이에 비해 파리에서 이루어진 기후협정은 선진국뿐 아니라 개발도상국과 최빈국까지 포함하여 온실가스 감축을 결의했다는 점에서 한층 진일보한 것이다. '지속 가능한 개발 목표'와 '파리 기후협정', 이 두 가지 결정을 보면 세계가 어떤 방향으로 나아가려고 하

• SDGs의 17개 목표는 다음과 같다. ①빈곤 퇴치 ②기아 종식 ③건강과 웰빙 ④양질의 교육 ⑤성평등 ⑥깨끗한 물과 위생 ⑦모두를 위한 청정에너지 ⑧양질의 일자리와 경제 성장 ⑨산업, 혁신, 기반시설 ⑩불평등 감소 ⑪지속 가능한 도시와 공동체 ⑫지속 가능한 생산과 소비 ⑬기후 변화와 대응 ⑭해양 생태계 보존 ⑮육상 생태계 보존 ⑯정의 평화, 효율적인 제도 ⑰세계적 연대.

는지, 공통적으로 고민하는 것이 무엇인지 알 수 있다.

세계는 지금 기후 변화 문제를 해결하지 않고는 빈곤 문제를 비롯한 인류의 중요한 문제를 해결할 수 없다는 인식에 공감하고 있다.

결국 21세기 인류가 깨달은 바는 '빈곤 문제는 기후 변화로 인해 해결이 불가능하게 되었다'는 사실이다. 기후 변화, 그것은 21세기 인류가 직면한 가장 큰 도전이자 위기가 된 것이다.

긴급구호,
누구를 위한 활동인가

굶주린 소녀와 독수리, 그 사진의 선정성을 성찰해야 할 때

2013년 12월 하이옌이 필리핀 전체를 할퀴고 지나간 뒤 480만 명의 이재민이 고생하고 있을 때였다. 타클로반의 한 초등학교에 유난히 많은 구호가 밀려들었다. 학생이 50명 남짓 되는 작은 학교였는데, 아이들 학교 짓는 데 써달라는 따뜻한 도움의 손길이 전 세계에서 답지했다. CNN 뉴스가 태풍으로 학교가 물에 잠기는 바람에 갈 곳 없는 아이들의 안타까운 사연을 전한 덕분이었다. 그런데 모든 기금이 '학교 건물 신축용'으로 모아진 것이 문제였다. 전교생이 50명 남짓인 학교에 새 건물 일곱 채가 한꺼번에 들어섰다.

주변에 도움이 필요한 다른 학교도 많고, 학교 건물 말고 다른 필요한 것도 많지만, 구호단체에게 그런 현실은 중요하지 않았다. 언론을 통해 그 학교 아이들의 딱한 사정이 전해졌고, 그 아이들을 위해 모금된 돈은 '학교 건물을 짓는' 목적에 맞게 쓰여야 하기 때문이다. 도움이 절실히 필요한 학교가 많이 있었는데, 이 학교 말고는 도움을 받지 못했다.

구호가 진행되는 모습은 로또와 다를 바 없어 보인다. 언론 보도라는 로또를 맞으면 돈과 물자와 각종 지원이 물밀듯 들어오지만, 아무리 피해가 크고 도움이 절실해도 언론이 주목하지 않으면 기본적인 도움조차 받기 어렵다. 로또는 개인의 운에 달려 있지만 구호는 언론에 달려 있다는 것만 다를 뿐이다.

몽골이 기후 변화로 끔찍한 재앙을 겪던 2002년과 2010년에 나는 그 현장에 있었는데, 주요 언론 어디에서도 찾아오지 않았다. 몽골 유엔개발계획(UNPP) 지부 하나를 제외하면 어떤 구호단체도 도움의 손길을 내밀지 않았다. 가축이 1000만 마리가 죽고 환경 난민이 7만~10만 명이나 발생했는데 말이다. 돈이 없어서 가축의 사체를 묻지 못해 전염병이 돌 우려가 있는데도 아무것도 못하고 지켜봐야만 했다. 현지 상황을 파악한 유엔이 전 세계에 구호를 호소했으나 아무도 오지 않았다. 언론사 특파원이 파견되지 않는 먼 변방의 땅 몽골은 로또에 당첨되지 못했다.

너무도 다른 두 상황을 보면서 언론 혹은 구호기구가 만들어내는 재난의 선정성에 대해 다시 생각하게 된다. 작은 초등학교에 건물 일곱 채가 앞다투어 들어서는 가슴 따뜻한 장면과, 가축 1000만 마리가 죽고 10만 명의 환경 난민이 발생해도 아무런 도움도 받지 못하는 안타까운 상황. 구호기구와 언론이 재난 현장을 어떻게 전달하는가에 따라 결과가 전혀 달라지는 것이다.

구호기구가 자주 연출하는 선정적인 장면이 있다. 배가 고파 쓰러질 듯한 뼈가 앙상한 소녀와 먹잇감을 보듯 그 소녀를 노리는 독수리 사진. 많은 사람들이 이 한 장의 사진을 기억할 것이다. 생명이 끝나가는 듯한 힘없는 소녀와 소녀가 죽기를 기다리는 듯한 독수리를 보면 누구나 슬프고 끔찍한 감정이 생긴다. 사진 작가 케빈 카터가 아프리카 수단에서 찍은 이 사진 〈소녀와 독수리〉는 1994년에 퓰리처상을 받았다.

자극적이고 선정적인 사진을 앞세워 구호기구들은 사람들의 눈물을 짜내고 지갑을 열게 한다. 이를 위한 마케팅 시스템과 스토리텔링 전문가도 있다. 감성에 호소하는 그런 사진은 아프리카와 수단의 단편적인 장면일 뿐, 수단이 겪는 참상을 제대로 보여주지 못한다. 솔직히 말하면 국제 구호기구나 사진가들도 수단이 왜 이런 끔찍한 일을 겪고 있는지 잘 모를 때가 많다. 그러니 사람들이 정말로 알아야 할 참상을 보여주지 못하고 선정적인 내용을 전달할 수밖에 없다.

그 결과 사람들은 아프리카에 대한 편견과 선입견을 갖게 된다. 흔히 아프리카는 문자나 언어도 없고 외국인들을 속이려 들고 찢어지게 가난한 곳이라고 생각한다. 하지만 아프리카에도 고유한 언어와 수준 높은 문화가 있다. 아프리카 사람들은 자신의 역사와 문화에 대한 자부심이 높다. 한편으로 굶주림과 높은 비만율이 동시에 문제가 되는 복잡한 지역이기도 하다. 사막화와 환경 난민이 발생하는 지역은 사하라 사막 남쪽이다. 그런데도 아프리카의 다양한 모습을 무시하고 가난한 곳이라는 하나의 이야기로 단순화하면 상황을 왜곡할 우려가 있다. 가난과 기아라는 하나의 스토리로는 아프리카를 제대로 설명할 수 없다. 따라서 진정으로 도움을 줄 수도 없다. 단편적인 이해는 구호활동을 벌이는 쪽과 구호를 받는 쪽 모두에게 독이 되어 사태를 더욱 악화시킬 뿐이다.

더 많이, 더 참신하게: 재난 마케팅의 함정

캠프(CAMP)라는 시민단체가 있다. 필리핀 도시 난민의 재활과 자립을 돕기 위해 묵묵히, 그러나 열정적으로 일하는 단체다. 나는 캠프 현장 활동가들과 함께 일하면서 이들이 겪는 고충을 들은 적이 있다. 미혼모로 구성된 환경 난민들에게 재봉 기술을 가르쳐서 재활을 돕고 있다고 한다. 그런데 기부자들에게 이런 활동을 이야기하면 "이 사람들은 살 만한가 보네"라고 생각해서 돕지 않는다고 한다. 그러다 보니 난민들에게 정말로 필요한 장기적인 자립 프로그램은 되도록 피하게 되고, 대신에 눈에 보이는 사업에 관심을 갖게 된다고 한다. 캠프는 매우 원칙적이고 모범적으로 환경 난민을 돕는 활동을 하고 있음에도, 재정 지원을 염두에 두다 보면 때로 선정적으로 흐르기도 한다고 한다.

　이런 고민을 하는 단체는 그나마 원칙을 갖고 있다고 할 수 있다. 유감스럽게도 재정 지원만을 염두에 둔 구호활동을 추구하는 단체도 꽤 있다. 나는 필리핀 타클로반에서 어이없는 일을 경험했다. 슈퍼태풍이 휩쓸고 지나간 타클로반은 마치 거대한 짐승이 씹어서 뱉어놓은 것처럼 집과 도로와 나무가 죄다 끔찍하게 부서져 있었다. 이런 상황을 아는지 모르는지, 어느 날 이 지역에 구호품으로 최고급 사양의 컴퓨터가 도착했다. 한 NGO에서 주민들에게 컴퓨터를 보급한다는 명목으로 기금을 받았다는 것이다. 컴퓨터에는 최신 게임과 프로그램이 잔뜩 깔려 있었다. 그런데 당시 이 지역은 인터넷은커녕 전기도 들어오지 않는 상태였다. 값비싼 컴퓨터도 그곳에서는 고철 덩어리 신세였다. 물품을 보낸 단체에 현장 상황을 아는 사람이 하나도 없는지, 누구를 위한 구호활동인지 정말 묻고 싶었다. 이것은 구호라기보다 이벤트이고 대중에게 보여주기 위한 행사일 뿐이다.

　이처럼 구호 현장에서는 눈에 띄는 성과를 선호한다. 하지만 건물을 짓더라도 현장의 상황과 필요에 맞아야 한다는 사실을 아는 사람은 그리 많지 않다. 예를 들어 필리핀 일부 지역은 학교, 관공서, 상가 등 건물 용도에 따라 지정된 색이 있다. 그런데 외부에서 들어온 사람들은 건물을 짓고는 아무 색이나 칠한다. 학교 건물을 지어놓고 지정된 색을 칠하지 않아 지역 주민들에게 혼란을 주고 제대로 활용되지 못하는 경우도 있다. 구호를 하는 사람의 만족감이 아니라 현장의 필요에 따른 구호가 이루어져야 한다는 기본 원칙을 무시했기 때문이다.

재난이 발생했을 때 구호기구가 일하는 모습을 보면 흡사 경연장 같다. 누가 더 많은 돈을 모으는가, 어떤 단체가 양적으로 더 많이 구호활동을 하는가, 누가 더 위험한 오지에서 활동하고 있는가, 얼마나 참신한 이벤트를 하는가 등등. 어떤 종교기관에서 파견한 구호단체는 이슬람 혹은 불교 국가에 들어가서 얼마나 많은 사람에게 선교했는가를 기준으로 성과를 평가한다.

긴급구호는 이벤트성 접근이 아니라 사회구조, 경제구조적인 접근이 필요하다. 기후 난민이나 이재민의 자립을 돕는 프로그램을 추진하고, 자연 재해로 파괴된 땅을 복구하고 생태계 회복을 돕는 일은 금세 성과가 드러나지 않는다. 또 당장 곤란한 상황에 처한 난민에게 직접적인 도움을 주는 것도 아니다. 때문에 구호 기금을 마련하기가 어렵다. 하지만 난민의 삶을 개선하는 데 조금이라도 관심이 있다면 구호 방식을 진지하게 고민해야 한다. 가시적인 성과에 의존하는 긴급구호는 구호단체에게도 독이 된다. 손쉬운 방식에 길들여지면 장기적인 자립 프로그램과 현지 네트워크를 연결한 근본적인 구호활동을 포기하고 싶은 유혹에 빠질 수 있다.

무조건 더 많이 주는 구호 방식도 상처와 독으로 남을 가능성이 크다. 2008년 나르기스가 미얀마를 강타했다는 소식을 듣고 재해 지역을 찾았을 때다. 늦게 도착한 구호팀은 텐트 칠 자리조차 없을 정도로 많은 구호단체가 모여들었다. 수많은 구호물자와 기금이 쏟아져 들어왔다. 이재민들은 나에게 이렇게 물었다.

"당신들은 뭘 도와줄 거요?"

엄청나게 쏟아지는 긴급구호의 세례를 경험한 주민들은 외부의 도움을 당연하게 여기고, 더 많은 도움을 바랐다. 대규모 긴급구호가 남긴 가장 큰 상처는 의존성이다. 이들은 스스로 어려움을 이겨낼 수 없다는 무력감에 빠져 외부의 도움에만 의지하려 든다.

긴급구호가 남긴 또 다른 상처는 지역 공동체의 붕괴다. 오랫동안 국제사회로부터 고립된 채 농사를 지으며 살아온 미얀마는 공동체가 아주 잘 발달되어 있었다. 이 아름다운 공동체를 붕괴시킨 가장 큰 원인은 물론 태풍과 사막화겠지만, 직접적인 원인은 지역의 특수성을 고려하지 않고 무조건 쏟아진 긴급구호라고 할 수 있다. 피해 지역의 마을 대표들을 만나 마을에 필요한 것이 무엇인지 묻자 그들은 "우리 마을을 돕지 말고 개인적으로 도와달라"고 했다. 마을 단위로 도와주면 복잡하니 각자가 필요로 하는 것을 개인적으로 달라는 것이었다. 아마 서구의 구호단체로부터 개별적인 도움을 받아본 경험이 있기 때문이리라. 하지만 우리는 무엇보다 마을 공동체를 되살리는 방식으로 돕고 싶었다.

과거 우리도 마을에 고아나 병자가 생기면 이웃들이 다 함께 키우고 보살펴주었다. 동네 사람들은 서로 도와가며 살았다. 산업화 시대를 거치면서 공동체가 와해되고 각자도생의 길로 들어선 것이다. 하지만 미얀마는 아직 산업화의 영향을 덜 받아 공동체가 살아 있었다. 그런데 외부에서 쏟아져 들어온 긴급구호 때문에 공동체가 급작스럽게 흔들리는 것을 보며 안타까운 마음이 들었다.

물론 재난 상황에서 긴급구호는 정말 소중하고 필수적이다. 먹을 것, 마실 것, 입을 것이 부족한 상황에서 긴급구호가 없으면 생명을 잃을 수도 있다. 적절한 때에 적절한 구호는 정말 중요하다. 하지만 더 많은 구호를 추구하면서 일방적으로 행하는 구호는 그 지역에 돌이킬 수 없는 상처를 남긴다.

2013년 3월에 다시 미얀마 현장을 찾아갔다. 무수한 구호단체가 다 사라지고 유엔 하나만 남아 있었다. 나르기스가 지나간 3개월 뒤에 대다수의 구호단체가 철수했다고 한다.

이렇듯 구호물품이 언제까지나 제공될 수는 없다. 언젠가는 끊기게 마련이다. 외부 구호단체는 모두 빠져나가고, 이제 남은 일은 섬에 남은 주민들을 육지로 이주시키는 일뿐이라고 한다. 공동체가 사라진 상황에서, 뿔뿔이 흩어진 주민들이 어려운 상황을 극복해나가기는 쉽지 않아 보인다.

잘못된 구호활동이 또 다른 난민을 만든다

구호가 양쪽 모두에게 상처가 되지 않기 위해서는 두 가지 조건을 갖추어야 한다. 첫째, 전문적 능력을 갖춘 사람이 필요하다. 구호는 전문 영역이다. 단순히 돈과 물자를 재해 현장에 전달하는 일은 엄밀하게 말해 구호가 아니다. 재난 상황뿐 아니라 그 사회의 특수성을 이해해야 한다. 난민이나 이재민이 과거에 어떻게 살아왔고 지금 어떤 상황에 처해 있는지 파악하고, 이들이 재난을 수습한 후에도 생계를 유지할 수 있도록 하는 데 초점을 맞추어야 한다.

구호를 구조적으로 접근하지 않고 무조건 쏟아붓기만 하면 또 다른 난민을 만들어낼 수도 있고, 지역을 더욱 혼란스럽게 만들 수도 있다. 자연 재해로 1차 난민이 발생한 상황에서 경제적 위기까지 더해지면 복구는 몇 곱절 더 힘들어진다.

2008년 중국 쓰촨성에서 대지진이 발생했을 때 구호 사례를 보면, 구조를 파악하지 못한 채 단편적, 감정적으로 이루어진 구호가 얼마나 의미 없고 위험한지를 알 수 있다. 당시 피해가 엄청났고, 세계 언론 보도가 집중되면서 구호단체도 많이 투입되었다. 재해가 발생하면 가장 시급한 것이 물과 식량이다. 먼저 지진 피해자들이 굶주리고 있다는 소식이 전해지자 밀가루가 대거 투입되었다. 그리고 옷가지를 챙기지 못한 주민들을 위해 많은 옷이 구호품으로 들어왔다. 공짜 밀가루와 옷이 생기자 사람들은 당연히 구호품으로 모든 것을 해결하고자 했다. 그 지역에 남아 있던 밀가루 가게, 빵 가게, 국수 가게, 옷 가게가 지진의 여파로 어려움을 겪다가 손님마저 끊어지자 속속 문을 닫는 사태가 벌어졌다. 지진 이후 간신히 버텨오던 지역 경제가 붕괴되기 시작한 것이다.

부족한 것을 채워준다는 단순한 생각은 선한 의도와 상관없이 지옥으로 가는 결과를 초래할 수 있다. 한 지역에서 사람들이 먹고

사는 일은 서로 유기적으로 연관되어 있다. 그 관계를 고려하지 않고 이루어지는 구호는 경제와 사회 전체에 치명적인 영향을 끼칠 수 있다. 옷 장수와 빵 장수와 밀가루 장수가 먹고살던 지역 경제의 고리를 끊어버리고 그나마 멀쩡한 사람들까지 난민으로 만드는 구호라면 무슨 소용이 있겠는가?

구호에서 가장 중요한 전문성은 '배분' 문제다. 긴급 재난 시 구호단체는 대부분 생필품을 넣은 구호 키트를 만들어서 배급한다. 하지만 이런 구호물품은 여러 가지 면에서 다시 생각해볼 필요가 있다. 우선 키트 안에 들어가는 물건이 어디에서 만들어졌는지 생각해보자. 구호 키트를 제공하는 나라에서 생산된 물건이다. 결국 자국의 물건을 팔아주는 역할을 한다. 구호물품을 받은 사람들은 생필품을 사지 않는다. 이 때문에 그렇지 않아도 어려움을 겪고 있던 그 나라의 생산자와 상인들은 더 큰 어려움에 빠진다. 이렇게 해서 그 나라의 생산자들이 망하면 나중에 그 물건을 어디에서 사와야 할까? 지역 사회에서 만들 수 있는 간단한 물건도 다른 지역과 다른 나라에서 수입해야 한다. 그러므로 시간을 다투는 긴급한 구호물품을 제외하고는 가능하면 그 나라 현지에서 조달해야 한다.

재해 지역에 모기장이 대량으로 보급된 경우를 생각해보자. 2010년 세계 최빈국에 속하는 아이티에 대지진이 발생했다. 선진국의 한 구호단체가 지진 후유증으로 고통을 겪는 아이티에 모기장 1만 개를 아이티 정부에 전달했다. 이런 구호물품 가운데 대략 50퍼센트는 구호 현장에 전해지지만 나머지는 중간에 관료들이 빼돌리는 일도 다반사다. 어쨌든 주민들에게 모기장이 공짜로 보급되자 현지의 모기장 수요가 현저히 줄어들었다. 뒤로 빼돌려진 모기장은 헐값으로 시장에 나오게 된다. 이제 현지인이 생산하는 모기장은 팔리지 않는다. 모기장을 찾는 사람도 없고, 원가보다 가격이 떨어져서 더 이상 경영을 할 수 없게 되자 모기장 회사는 망하고 만다. 구호품으로 들어온 1만 개의 모기장을 다 소비하고 난 다음에는 어떻게 될까? 모기장이 필요해도 지역 내 회사가 문을 닫았기 때문에 다른 도시나 외국에서 수입해야 한다. 그러면 운송비 등이 더 추가되어 모기장 가격이 비싸진다. 이렇게 해서 수입에 의존하는 구조가 형성된다. 여기에서 이익을 본 사람은 다른 도시 혹은 외국의 모기장 업자다. 가장 큰 손해를 본 사람은 구호를 받은 지역의 모기장 업자다. 비싼 값으로 모기장을 사게 될 소비자들도 결과적으로 피해자다. 이 모기장 사례는 실제로 있었던 일이다.

'선한' 의도가 반드시 '좋은' 결과를 낳지는 않는다

언론의 흐름에 따라 긴급구호에 뛰어든 사람들은 구호단체가 떠나고 난 후 남게 될 주민들의 의존성이나 지역 경제에 대해서는 생각하지 않는다. 오히려 '우리 단체와 우리 기구는 좋은 일을 하고 있다'고 자부심을 느낄 것이다. 아니면 세계적인 구호단체들이 다 가는 구호 현장에 자신들만 빠지면 일을 하지 않는 것으로 비칠까

봐 동참하는 조직도 있을 것이다.

구호는 단순히 자기만족이나 온정을 베푸는 활동이 아니다. 구호 활동은 종합적인 판단 능력이 필요한 일이다. 같은 현장에서 똑같은 상황을 접하면서도 서로 다른 판단을 하는 것은 구호에 대한 관점이 다르기 때문이다.

첫째, 동정심에서 시작하는 구호활동이다. 이 경우 받는 쪽이 아니라 주는 쪽이 구호의 내용을 결정한다. 현장의 필요는 고려하지 않고 주는 쪽의 의사와 상황에 따라 구호가 이루어진다. 결국 한곳에 구호가 집중되고 정작 도움이 필요한 사람들은 소외되는 일이 생긴다. 여기서는 '더 많은 구호(more aid)'가 중요한 동기가 된다.

둘째, '필요'에 집중하는 구호활동이다. OECD 국가들, 세계은행 등이 진행하는 원조와 구호에 관한 견해가 여기에 해당한다. 더 '많은 원조'가 아닌, 결과가 더 '좋은 원조(better aid)', 더 효과적인 원조를 지향한다. 원조가 미치는 효과를 중시한다는 점에서 첫 번째 구호의 문제점을 보완하고 있으나 주는 쪽이 결정한다는 점은 똑같다. MDGs(밀레니엄 개발 목표)를 달성하기 위해 세계은행과 유엔이 2000년대 중반부터 실시한 밀레니엄 마을 만들기 프로젝트가 대표적인 사례다.

빈곤과 기아 퇴치, 초등교육, 성평등, 유아 사망률 감소, 임산부의 건강 개선, 질병과의 전쟁, 환경 보장, 개발 협력의 8개 분야 전문가들이 프로젝트 지역으로 파견되어, 자신의 분야에서 계획을 세워 유엔과 세계은행에 보고한다. 예컨대 이 지역에는 학교가 2개 필요한

데 의자 몇 개, 책상 몇 개, 시멘트, 철근 등등이 필요하다는 계획안을 제출한다. 그러면 그 계획에 따라 지원하고 유엔과 세계은행은 밀레니엄 개발 목표 중 아동교육 목표를 얼마만큼 달성했는지 결과를 제출한다. 계획대로 되고 있다는 것을 유엔과 세계은행은 자랑스럽게 발표하곤 했다. 그런데 그 결과는 어떤 모습이었을까?

2013년 6월 19일 김용 세계은행 총재는 런던에 있는 톰슨로이터 재단(Thomson Reuters foundation)에 참여해서 그동안의 성과를 솔직하게 발표했다. "빈곤과 기후 변화는 반드시 현장의 문제를 파악하고 해결책을 찾아야 한다. 그런데 그동안 전문가들이 빈곤과 기후 변화 현장에서 기여한 것이라곤 정말 보잘것없었다. 이는 각 분야 전문가들이 자기 분야만 알고 현장의 구체성에 관심이 없어서 생기는 일이다."

OECD에 속한 선진국과 세계은행 등이 선호하는 '필요에 근거한 접근'은 주는 쪽이 결정하는 구호이기 때문에 효과가 없다는 것이다. 오히려 주민들의 자립 의지가 아니라 의존성을 키웠다는 것이 김용 총재의 냉정한 평가다. 결국 구호는 현장에서 발생하는 문제들에 대한 종합적 판단과 의사 결정이 중요하다는 인식이다.

셋째, 인권을 바탕으로 접근하는 구호활동이다. 이것은 주는 쪽이 아니라 받는 쪽의 주민 참여와 권리에 집중하는 방법이다. 이는 푸른아시아가 몽골과 미얀마에서 개발 중인 구호 방법으로, 받는 사람이 직접 구호 과정과 의사 결정에 참여한다. 세계은행은 '필요에 의한 구호'의 문제점을 인식하고 주민들이 스스로 의사 결정을 하고 자립하도록 돕는 사례를 찾았다. 그것이 바로 푸른아시아가 몽골에서 실행하고 있는 모델이다. 이에 대한 이야기는 제4장 '마을이 지구를 살린다'에서 다룰 것이다.

좋은 의도가 반드시 좋은 결과를 낳는 것은 아니라는 사실을 구호 현장에서도 깨닫곤 한다. 좋은 의도에 걸맞은 올바른 구호 방법을 고민할 때다.

기후 변화를 일으킨 사람이 누구인가 생각해보면, 긴급구호를 어떻게 받아들여야 하는지도 분명해진다. 재난 피해자들은 도움을 받을 권리가 있고, 주는 자들에게는 지원할 의무가 있다. 한마디로 구호는 봉사가 아니라 책임이고 의무다. 또한 구호활동은 피해 지역의 사람들이 살아온 방식을 존중하고 이들의 권리에 근거를 두고 이루어져야 한다.

재해 현장이 복구되어도 주민의 삶이 더 나빠진다면

긴급구호의 첫 번째 조건이 구호활동의 전문성이라면, 두 번째 조건은 현지 주민들과의 소통이다.

긴급구호는 말 그대로 긴급하게 이루어지는 구호활동이기 때문에 신속하게 상황을 파악하는 것이 매우 중요하다. 현장에서 필요한 것을 제때 알맞게 공급하려면 현지 사정을 잘 알아야 한다. 그런데 대체로 긴급구호는 준비 없이 급하게 들어간다. 특히 언론을 통해 알려진 지역은 여러 구호단체가 한꺼번에 들어오기 때문에 각 단체가 텐트 칠 자리를 선점하려고 경쟁이 벌어지기도 한다.

사정을 제대로 파악할 겨를도 없이 급하게 들어가다 보니, 현장의 요구가 아니라 주는 쪽의 판단에 따라 구호가 이루어진다. 긴급구호에서는 현지의 네트워크가 중요하다. 현지 네트워크와 구호단체가 파트너가 되어서 움직여야 한다. 그러므로 긴급구호에서 가장 먼저 할 일은 텐트 치는 일이 아니라 현지의 네트워크를 찾아 연대하는 것이다.

현지에서 당장 필요한 것은 무엇인지, 어느 지역에 얼마만큼의 구호품이 필요한지, 어떻게 배분하고 전달해야 하는지를 외부인이 어떻게 알 수 있겠는가. 그러므로 현지 파트너와 함께 상황을 정확히 파악하고, 이를 근거로 잘 훈련된 전문가들이 결정해야 한다.

구호활동가들은 주민들에게 생필품을 나눠주는 데 그치지 않고 그 이후까지 고려해야 한다. 구호단체로 북새통을 이루던 현장도 3개월 정도만 지나면 한산해진다. 의존에 익숙해진 주민들만 남을 가능성이 크다. 그러므로 재해 현장이 복구된 다음에 주민들이 어떤 상황에 놓이게 될지 예측해서 그들이 자립할 수 있도록 도와야 한다.

복구 후의 자립 프로그램도 일방적이어서는 안 된다. 주민들과 끊임없이 토론하고 고민해야 한다. 당사자인 주민들과 지속적으로 이야기하면서 프로그램을 만들어야 한다. 그것은 상품을 만드는 일이 될 수도 있고, 농사를 지어 수확물을 파는 일이 될 수도 있다. 주민들의 경험을 바탕으로 새로이 살 길을 모색하고, 결실을 만드는 과정이 중요하다.

예를 들어 미얀마의 경우 화덕 만드는 일을 생각해볼 수 있다. 사람 사는 곳에서는 먹는 일이 가장 중요하다. 미얀마 중부 지역이 사막화되어 나무가 사라지면서 가장 귀한 것이 나무다. 그 지역의 인구가 1500만 명인데 다들 나무를 때서 밥을 한다. 돌 3개에 솥을 걸고 밥을 짓다 보니 나무 소비량이 엄청나다. 나무 소비량을 줄이기 위해서는 효율성이 높은 화덕이 필요하다. 효율성이 높은 화덕은 연료를 70퍼센트까지 줄일 수 있고, 땔감비를 절약해주기도 한다. 아울러 숲을 보존하는 효과도 있다. 따라서 화덕을 주민들이 만들어서 파는 것은 여러모로 요긴해 보인다.

이러한 현장의 구체적인 상황은 구호품만 전해주고 잠시 머물다 떠나는 외부인이 알아내기 어렵다. 주민들과 함께 지내면서 그들이 무엇을 필요로 하고, 어떤 어려움을 겪는지 토론하다 보면 자연스럽게 알 수 있다. 또한 화덕을 만드는 데 공장이나 기계가 필요하지도 않다. 간단한 기술과 손, 진흙과 함석 등의 재료만 있으면 된다. 일단 자신이 필요한 화덕을 만드는 일부터 시작해서 익숙해지면 주문을 받아 만들어 팔 수도 있다. 이렇게 해서 화덕 생산이 한 마을의 재활 프로그램으로 자리 잡을 수 있다. 주민들의 자립을 돕기 위해서는 경제적 지원만이 아니라 교육과 컨설팅도 매우 중요하다.

재해가 발생해서 집이 무너졌을 때도 외부 사람들이 "살 집이 없으니 우리가 지어줄게" 하고 통째로 선사할 게 아니라 주민들에게 무엇이 필요한지 먼저 물어야 한다. 시멘트가 필요한지 기술이 필요한지 파악하고 그에 맞게 대응해야 한다. 학교가 물에 잠겼다는 소식에 건물부터 짓고 보는 게 아니라, 아이들에게 지금 가장 필요한 것과 수요를 조사한 다음 급하고 중요한 순서대로 필요한 만큼 지원해야 한다. 무엇이 어느 정도 필요한지도 모른 채 일방적으로 전해주는 구호품은 대다수 쓰레기밖에 되지 못한다.

"긴급한 재난 상황에서 이것저것 따질 새가 어디 있느냐"고 물을 수도 있다. 맞는 지적이다. 그렇기 때문에 네트워크가 필요하다. 아시아의 기후 변화는 앞으로 더 많이 발생할 것이라는 게 전문가들의 공통된 견해다. 재해가 어디서 어떻게 발생할지는 예측하기 어렵다. 지금 우리 이웃 국가들에서 벌어지는 일을 강 건너 불 보듯 무심히 지나칠 수 없는 이유도 여기에 있다.

현재 진행 중인 기후 변화와 다양한 문제를 서로 공유하고 인력을 활용할 수 있는 네트워크가 있어야 한다. 긴급구조 상황에서 외부의 구호 전문가와 현지 주민 대표 또는 NGO가 서로 소통하면 구호활동을 더 효과적으로 펼칠 수 있다. 네트워크를 위해 새로 조직을 만들지 않아도 종교단체나 지방자치단체 등이 협력할 수도 있다. 이처럼 지역 간 네트워크가 구축되어 있으면 긴급 상황에서 무엇을 지원해야 할지 신속하게 파악할 수 있다.

2013년 영국이 인도네시아의 한 섬에 360킬로와트의 태양광과 디젤로 발전하는 하이브리드 발전소를 지어주었다. 360킬로와트는 그 지역의 4000가구가 쓸 수 있는 양이다. 당연히 그 섬 주민들에게 큰 도움이 되겠거니 생각했다. 그런데 그게 아니었다. 발전소 옆에 있는 단 한 가구만 그 전기를 이용한다고 했다.

왜 이런 일이 생겼을까? 현지 사정을 고려하지 않았기 때문이다. 부속품 하나가 고장이 나서 발전소가 멈춰버렸다. 유럽에서 인도네시아의 작은 섬마을에 부품이 도착하기까지 석 달이 걸린다고 한다. 그때까지 섬 주민들은 전기를 사용할 수 없게 되었다. 선진국의 기술로 만들어진 완제품을 구호 현장이나 재해 발생 국가에 전달해도 이처럼 무용지물이 되는 일이 많다. 현장의 특수성을 고려하지 않기 때문이다.

긴급구호에서 세계적으로 똑같은 상황이 반복되고 있다. 수많은 구호단체가 한꺼번에 들어왔다가 3개월 만에 썰물처럼 빠져나간다. 현지 사정을 고려하지 않은 구호품이 쌓이고, 재해 현장은 조금 복구되더라도 주민들의 생활은 더 악화될 뿐이다. 주민들은 자립 의지마저 이미 잃은 상태다. 이것이 대다수 구호기구가 당면한 딜레마다. 이런 딜레마를 극복해야 한다. 2013년 김용 세계은행 총재가 제안했듯이 현장을 잘 아는 활동가들이 구호 정책을 결정하는 데 중심 역할을 해야 한다. 온정에 근거한 긴급구호의 문제를 성찰할 때가 되었다고 본다.

유엔이 SDGs(지속 가능 개발 목표)라는 목표를 내걸고 새로운 세상을 향하고 있는 지금, 긴급구호 방식도 새롭게 전환할 때가 되었다. 더 많이 주자는 양적인 접근, 주는 쪽 중심의 접근에서 벗어나서 '피해자들의 권리와 인권'을 생각하는 구호로 전환해야 한다.

아시아의 기후 변화는 우리 모두의 일이다. 필리핀, 미얀마, 인도네시아, 몽골, 파키스탄, 우즈베키스탄, 대한민국, 북한 등에서 기후 변화는 이미 시작되었다. 기후 변화가 나타나는 양상도 갈수록 복잡해지고 있으며, 그로 인해 생기는 문제도 지역마다 다르다. 그러므로 기존에 해오던 방식으로는 문제를 해결할 수 없다. 단순히 더 많은 구호품을 전달하고, 더 많이 모금하고, 선진국의 좋은 물건과 기술을 보낸다고 해서 해결되지 않는다. 책임과 의무가 아닌 동정심에서 '시혜'를 베풀다가 떠나버리면, 결국 피해 지역의 경제가 무너지고 지역 주민들은 자립 능력을 잃게 된다.

이런 식이라면 곧 아시아도 아프리카와 같은 길을 갈 수밖에 없다. 사막화로 농지와 목초지가 사라지고, 빈민가의 아이들이 쓰레기 더미를 뒤지다 죽어가는 상황을 보면서 아시아도 식량 폭동과 테러의 온상지가 될 것을 우려한다면 지나친 걱정일까? 기후 문제는 우리가 생각했던 것보다 훨씬 더 복잡한 문제일 수 있다.

3장

//////////

새로운 전쟁이
시작됐다

//////////

당신의 쇼핑이
몽골 유목민에게 미치는 영향

우아한 캐시미어 코트에 숨겨진 눈물

몇 년 전 '땅콩 회항' 사건으로 사회적 물의를 일으켰던 재벌 2세가 검찰에 출두하면서 고개를 숙이던 모습을 기억할 것이다. 12월 추위가 기승을 부리던 그날 화제의 주인공은 검은색 코트와 회색 머플러 한 장의 가벼운 옷차림이었다. 그런데 피의자가 입은 코트가 난데없이 세간의 주목을 받았다. 수천만 원을 호가하는 이탈리아 최고급 캐시미어 의류 브랜드라는 등, 안데스 지역에만 서식하는 멸종위기 동물의 가슴 털로 만들어 상위 1퍼센트만 입을 수 있는 고가라는 등 부러움과 원망 섞인 품평이 한동안 인터넷을 달구었다.

캐시미어는 울이라고 불리는 일반적인 모직 제품보다 더 부드럽고 가볍고 보기에도 좋아서 최고급 의류의 대명사로 알려져 있다. 100퍼센트 캐시미어 옷은 상당한 고가여서 일반인은 구경하기도 어렵고, 캐시미어가 살짝 들어간 제품도 매우 비싼 가격에 팔린다. 실제로 고급 겨울 코트나 신사복의 원단 표시를 자세히 보면 캐시미어가 함유된 제품이 꽤 많아졌다. 공급이 수요를 따르지 못할 정도로 캐시미어의 인기가 높아지면서 최근 2년 사이에 가격이 60퍼센트나 올랐다고 한다.

캐시미어 원료는 염소, 야크, 라마, 낙타의 털인데, 특히 몽골에서 키우는 염소의 겨드랑이와 가슴 털을 최고로 친다. 봄이 되면 고비 사막 지역과 초원에서 자라는 염소의 겨드랑이와 가슴에 보드라운 털이 새로 자라는데 몽골 유목민들은 이 털을 빗으로 뽑아 중국과 일본, 미국, 영국의 대기업에 팔아넘긴다.

몽골에서 염소를 대량으로 키우면서 땅이 황폐해지고, 급기야 유목민들이 삶의 터전을 잃는 일까지 벌어졌다. 그 땅에서 수천 년 동안 별문제 없이 가축을 키우며 살아왔는데, 왜 갑자기 땅이 황폐해지고, 사람들이 터전에서 내몰리게 된 걸까?

가장 큰 변화는 키우는 가축의 종류다. 예부터 몽골 초원에는 양과 소, 말이 많았지만 염소는 그렇게 많지 않았다. 몽골 사람들은 주로 양고기와 쇠고기를 먹기 때문에 염소는 그다지 많이 키우지 않았다. 그런데 2000년대 들어서면서 염소가 눈에 띄게 많아졌다.

세계적으로 캐시미어 수요가 늘면서 몽골 유목민들은 너도나도 염소를 키우기 시작했다.

그런데 염소는 땅을 황폐화시키는 특징이 있다. 염소는 발굽이 하이힐처럼 뾰족하고 단단해서 땅속에 뻗은 풀뿌리까지 짓밟아버린다. 또 땅속에 얼마 남지 않은 풀뿌리, 이끼, 씨앗까지 모조리 먹어치우는 왕성한 식욕 탓에 땅이 회복할 틈을 주지 않는다.

몽골 사람들이 염소를 키우는 목적은 주로 캐시미어를 팔기 위해서다. 값비싼 캐시미어 제품을 찾는 소비자는 미국과 유럽, 아시아의 잘사는 나라 사람들이다.

염소가 무슨 잘못을 했기에?

캐시미어 소비가 늘어나자 자연히 가격이 상승하게 되었고, 최고급 캐시미어를 더 싼 가격에 사들여 이익을 보려는 사람들이 생겨났다. 2007년 자료를 보면 국제 시장에서 캐시미어 거래가 급등한 것을 알 수 있다. 이들은 더 많은 캐시미어를 사들이고 싶어했고, 몽골 사람들도 돈을 벌 수 있는 좋은 기회라고 여겼다. 이런 상황에서 금융업자들은 유목민들을 대상으로 '염소펀드'라고도 불리는 '캐시미어 펀드'를 만들어 팔았다.

"캐시미어를 많이 팔면 돈을 더 많이 벌 수 있습니다. 자금이 없으세요? 그러면 우리 은행에서 빌려드립니다. 이 돈으로 염소를 키워 캐시미어를 팔아 갚으세요."

이렇게 광고하면서 더 많은 염소를 키우도록 부추겼다. 은행은 유목민 1가구당 평균 350만 원을 빌려주었다. 유목민들은 키우던 가축과 몽골의 전통가옥인 게르를 담보로 제공했다. 그 결과 2000년대 초 몽골에서 400만 마리 정도였던 염소가 2010년 이후 2000만 마리까지 늘어났다. 캐시미어 원료가 많이 공급되자 현지 가격이 뚝 떨어졌다. 그런데 이상하게도 국제 시장과 소비자 가격은 그대로였다. 중간상인이 싼값에 캐시미어를 사들여 비싸게 팔았기 때문이다.

결국 염소를 키워 대출금을 갚으려던 유목민들은 살 길이 막막해졌다. 원금은커녕 약 35퍼센트나 되는 대출 이자도 낼 수 없었다. 빚을 갚지 못한 유목민들은 야반도주하기도 했다. 유목민 마을에는 주인 잃은 빈집만 덩그러니 남는 일이 비일비재했다. 사람들이 떠난 집과 가축, 모든 재산은 금융업자가 가져갔다.

캐시미어 수요가 늘어나고 가격은 천정부지로 올랐지만 생산자는 집과 재산을 잃는 어처구니없는 상황이 벌어졌다. 캐시미어를 싸게 사들여서 비싸게 파는 중간상인들, 대출을 받아 염소를 대규모로 키우도록 부추기고 비싼 이자를 챙긴 금융업자들은 큰 수익을 챙겼다. 유일한 피해자는 몽골 유목민들이었다. 이들이 바로 몽골의 '금융 난민'이다. 염소펀드를 만든 금융업자는 몽골 현지인보다 미국, 유럽, 일본, 중국, 한국에서 온 외국인이 훨씬 더 많았다.

몽골 과학자들은 몽골 땅에서 자연에 피해를 주지 않고 키울 수 있는 가축의 수가 2000만 마리라고 본다. 실제로 1990년 이전에는 1200~1300만 마리밖에 되지 않았다. 가축도 소, 양, 말이 대부분이었고, 정부의 관리 아래 계획적으로 방목했다. 그러다가 1991년에 사회주의 체제가 무너지면서 가축 관리 시스템도 붕괴했다. 몽골에 서구 금융자본이 들어오면서 염소를 비롯한 가축의 수가 급격히 늘었다. 2010년 이후에는 총 5500만 마리까지 늘었고, 이 중에 염소가 2000만 마리나 되었다.

초원이 사라진 몽골, 누구의 책임인가

몽골에서는 무분별한 염소 방목으로 땅이 황폐해진 데다 기후 변화로 인해 초원이 사라지고 있다. 초원과 숲이 사라진다는 것은 매우 심각하고 복잡한 문제다. 초원이 사라지면 가축이 살 수 없고, 가축이 죽으면 조상 대대로 유목으로 생계를 이어온 사람들도 더 이상 살 수 없다. 유목민들이 유일한 생계수단을 잃게 된다는 의미다. 초원에서 살아온 사람들이 대도시로 가서 일자리를 구하기는 어려운 일이다. 결국 이들은 대도시의 가장 그늘진 곳에서 하루하루를 연명할 수밖에 없다. 이것이 바로 몽골 환경 난민의 현실이다.

몽골에서 영구동토층이 사라지고 있다는 사실에도 주목해야 한다. 몽골은 2000년대 초반만 하더라도 초원이 시원하게 펼쳐진 땅이었다. 특수건조 지역으로 분류되는 몽골이 푸른 초원을 자랑할 수 있었던 비밀은, 땅 밑에 365일 물을 머금은 영구동토층이 있었기 때문이다. 여름에도 땅을 파서 지하수를 뽑아 올려 온도를 재보면 0도밖에 되지 않았다. 이 정도면 얼음이 막 녹은 상태라고 볼 수 있다. 원래 몽골 땅의 60퍼센트가 영구동토층이었다. 영구동토층은 물을 담아두는 저장고 역할을 해준다. 계절에 따라 영구동토층이 녹았다 얼었다를 반복하면서 땅속에 간직하고 있던 물을 조금씩 내보내 강과 호수, 푸른 초원을 만들었다. 그곳에서 유목민들이 가축을 키우며 살아갔다. 그런데 지금은 영구동토층의 80퍼센트가 녹아버렸다. 자연히 초원과 호수와 강도 사라졌다. 거대한 수분 저장고 역할을 하던 땅이 풀 한 포기 자라지 않는 메마른 땅으로 변한 것이다. 왜 이런 일이 벌어졌을까? 기온이 올라가서 수백 년 동안 녹지 않던 영구동토층이 녹아버렸기 때문이다.

몽골의 국토는 한반도의 7.4배, 남한의 17배다. 하지만 인구는 300만 명으로 인구 밀도가 매우 낮다. 우리나라 인천의 인구와 비슷하다. 게다가 공장도 없고, 수도 울란바토르를 벗어나면 자동차도 많지 않다. 이런 나라에서 왜 기온이 급격하게 상승한 걸까?

학자들에 따르면 유목 활동이 몽골의 토양 퇴화에 미치는 영향은 15~20퍼센트 정도이고, 나머지는 모두 외적 요인이라고 한다. 특수 건조 지역인 몽골은 바다와 인접하지 않았기에 오로지 대륙의 영향을 받는다. 이 때문에 대륙의 기온이 조금만 상승해도 민감하게 변하고, 자연과 생태계의 균형이 붕괴된다.

이렇게 볼 때 몽골의 기온 2도 상승에는 주변국들의 책임이 더 크다. 한국과 중국, 일본, 대만, 러시아처럼 공업이 발달한 주변국은 말할 것도 없고, 자본주의 경제를 주도해온 미국과 유럽도 그 책임에서 자유롭지 못하다. 주변 국가의 산업시설이 뿜어내는 온실가스로 인해 바다와 땅의 온도가 올라가고, 기온 변화에 가장 민감한 땅인 몽골은 그 영향을 고스란히 받게 된 것이다.

여기에 조드(dzud)라는 이름의 대재앙까지 겹치는 일이 많아지고 있다. 2015년에는 블랙조드라 불리는 가뭄이 닥쳐 가축 1000만 마리를 한꺼번에 도살하는 일이 있었다. 가축이 겨울을 나려면 여름에 풀을 먹고 살이 통통하게 올라 있어야 한다. 그런데 2015년 여름에 비가 내리지 않았다. 풀이 자라지 않는 누런 땅에서 제대로 먹지 못한 가축들은 삐쩍 마른 상태가 되었다. 겨울이 되면 굶어 죽을 것이 명백해지자 그전에 가축들을 도살한 것이다. 그러자 현지 고기 가격이 폭락했다. 이때 저장고 시설을 갖춘 중국 등의 외국 기업이 고기를 싼값에 사들였다.

그 밖에 겨울에 영하 50도의 기온이 20일 이상 지속되어 눈이 빙하처럼 얼어붙는 화이트조드, 눈 대신 비가 온 후 기온이 뚝 떨어져 빗물이 투명한 거울처럼 얼어붙는 미러조드도 있다. 이 경우 가축은 얼음 속에 있는 풀을 보고 발굽으로 얼음판을 긁어대다가 굶어 죽는다. 기온이 50도 이하까지 떨어지는 것은 북극기단이 편서풍이 약해진 틈을 타서 몽골로 내려오기 때문이다.

물론 예전에도 조드가 있었으나 이렇게 심하지는 않았고, 미리 대비해서 견딜 만한 정도였다. 게다가 전에는 50년에 한 번씩 있는 드문 일이었으나 2000년대 이후에는 주기가 짧아져서 거의 7년에 한 번 꼴로 찾아오고 있다.

몽골에서는 하루아침에 가축이 1000만 마리 넘게 떼죽음을 당하고, 2만 가구 10만 명에 이르는 사람이 환경 난민이 되어 고향을 등지고 있다. 반면 대도시에 사는 우리는 고급스러운 캐시미어 옷을 입고 따뜻한 실내에서 안락한 문명을 누리고 있다.

기후 변화로 피해를 당한 사람도, 원인을 제공한 사람도 왜 이런 일이 생겼는지 알지 못한다. 유목민들은 왜 키우던 가축 수천 마리가 하루아침에 죽어서 생계가 막막해졌는지, 왜 조상 대대로 수천 년 동안 해오던 유목생활이 자신의 세대에서 끊기게 되었는지 그 이유를 모른다.

대도시에 사는 사람들은 환경 난민에게 "가축들이 먹을 풀을 미리 준비했어야지. 겨울 준비를 게을리 했으니 당신들 책임이야"라고 말한다. 오늘도 몽골을 지원하는 선진국 정부 혹은 기업 관계자들은 "몽골 도와주러 왔다, 좋은 일을 하러 왔다"라고 쉽게 이야기한다. 엄밀하게 말해 우리가 그곳에 가서 나무를 심고 땅을 살리는 일을 하는 것은 몽골을 돕는 일이 아니다. 우리가 저지른 일에 대한 책임을 지는 것이라고 해야 하지 않을까.

기후 변화의 대가,
누가 지불해야 하는가

남태평양 섬나라의 슬픈 운명

남태평양의 작은 섬나라 투발루. 9개 산호섬으로 이루어진 투발루는 평균 고도가 2미터 정도다. 그런데 2개 섬이 바닷속으로 잠겨 버렸다. 바닷물이 지반을 침식해 들어와서 농사지을 땅도, 마실 물도 구하기 어렵다. 결국 투발루는 2013년에 국가 위기를 선포하고 스스로 기후 난민이 되는 길을 택했다. 그러나 인접 국가 오스트레일리아는 투발루 난민의 이민을 거부하고 있다. 20년 뒤 나머지 섬마저 바닷속으로 가라앉게 되면, 그곳 사람들은 어디로 가야 할까?

또한 지구상에서 가장 먼저 해가 뜬다는 섬나라 키리바시는 해마다 해수면이 2센티미터씩 상승하고 있다. 이는 지구 평균보다 네 배나 빠른 속도다. 이대로라면 2050년에는 국토 전체가 바닷속으로 완전히 사라지게 된다.

지상의 마지막 낙원이라 할 만큼 아름다운 휴양지 몰디브도 마찬가지다. 약 1200개의 작은 산호섬으로 이루어진 몰디브가 해수면 상승으로 인해 조만간 가라앉을 것이라는 예고에 마지막 풍경을 즐기려는 여행객들로 붐비고 있다.

이처럼 남태평양의 많은 섬나라 주민들이 해수면 상승으로 인한 수몰의 위험을 안은 채 살아가고 있다. 섬나라뿐 아니라 저지대 나라들도 해수면 상승으로 홍수나 태풍이 몰아칠 위험이 더 커졌다. 바닷물의 온도가 오르면 열대 저기압의 세력이 커져서 태풍의 영향을 더 많이 받기 때문이다.

그런데 이상하지 않은가? 투발루나 몰디브, 키리바시, 몽골은 하나같이 온실가스나 이산화탄소 배출량이 적은 나라다. 제대로 된 공장도 없고, 자동차도 많지 않다. 이곳에 사는 사람들은 전기나 석탄, 석유도 훨씬 적게 사용한다. 그런데 지구 온난화의 피해는 이들이 가장 먼저, 가장 많이 입고 있다.

2015년 10월 키리바시에 남태평양 섬나라의 정상들이 모였다. 이들은 경제적 지원과 더불어 자국민의 이민을 허가해달라고 호소했다. 이들의 절박한 목소리에도 불구하고 주변국을 비롯한 선진국의 반응은 싸늘하다. 이래도 되는 걸까? 이 나라들이 겪는 위기와 고통이 온전히 그들만의 문제일까? 이 나라들이 지구상에서 사라지거나 더 큰 위기에 처한다면, 그다음에는 또 다른 나라가 예기치 못한 재앙을 만날 수도 있음을 정말 모르는 것일까?

그들 섬나라에 닥친 위기의 원인을 모르지 않을 것이다. 다만 아직 자기 나라의 발등에 기후 변화라는 불씨가 떨어지지 않았을 뿐이다. 발등에 불이 떨어져 뜨거운 맛을 보기 전까지는 코앞의 위기도 모른 척하는 것이 인간의 한계인지도 모른다.

선진국의 지원은 선행이 아니라 의무

어느 숲에 신비한 열매가 열리는 큰 나무 한 그루가 있었다. 수없이 뻗은 가지에 열매가 주렁주렁 매달려 숫자를 헤아리기 어려울 정도였다. 나무를 신성시했던 숲 속 동물들은 열매를 바라보기만 해도 배가 불렀다.

그러던 어느 날 열매를 몰래 따 먹는 동물들이 생겨났다. 맛도 좋고 건강에도 좋아 살이 오르고 힘도 세졌다. 그 사실을 알게 된 다른 동물들은 신성한 나무를 두려워하면서 열매를 따 먹지 말라고 말렸다. 하지만 달콤한 맛에 이미 취해버린 동물들은 멈출 수가 없었다. 그것을 보고 다른 동물들도 열매를 따 먹는 대열에 합류하기 시작했다. 급기야 모든 동물이 열매를 먹기에 이르렀다.

그러자 무한하다고 생각했던 열매의 수가 눈에 띄게 줄어들었다. 처음부터 열매를 따 먹던 동물들은 이제 배가 부르고 슬슬 걱정이 되었다. 그래서 서로 눈치를 보면서 먹는 양을 줄였다. 하지만 뒤늦게 먹기 시작한 동물들은 아직 배를 채우지 못했다. 남들보다 더 빨리 많이 먹어두어야 한다는 조바심마저 생길 정도였다. 열매를 두고 싸움박질하는 일까지 벌어졌다.

그때 신성한 나무를 섬기면서 신탁을 받는 일을 하는 동물이 선언했다.

"우리가 열매를 다 먹어버리면, 신성한 나무는 다시는 열매를 맺지 않을 거야. 지금이라도 늦지 않았으니 먹는 것을 멈춰야 해."

하지만 동물들은 달콤한 열매를 포기하기가 힘들었다. 그래서 하루에 몇 개씩 먹을지 정하기 위해 회의를 열었다. 뒤늦게 먹기 시작한 동물들이 이의를 제기했다.

"너희들은 열매를 너무 많이 먹어서 살이 찌고 털에 윤기가 흐르잖아. 우린 아직 배도 채우지 못했어. 열매가 줄어든 건 나도 알아. 하지만 그건 너희 책임이 더 커. 너희는 배가 부른데도 계속 먹고 있잖아. 너희는 이제 그만 먹어야 해. 우리는 너희처럼 될 때까지 더 먹어야겠어. 그래야 공평하잖아."

먼저 먹었던 동물들이 주장했다.

"우리는 줄이려고 노력하고 있어. 하지만 남은 열매가 얼마 안 돼. 게다가 요즘에는 너희가 더 많이 먹는 바람에 줄어드는 속도가 너무 빨라졌어. 너희가 지금처럼 먹다가는 곧 열매가 바닥날 거야. 그럼 다시는 나무에 열매가 열리지 않는다잖아. 그렇게 되면 너희가 책임질 거야? 모두를 위해 자제할 줄도 알아야지."

먼저 많이 먹어서 살이 찐 동물들과 나중에 먹기 시작해서 아직 배가 덜 부른 동물들이 편을 가르고 싸웠다. 이렇게 동물들은 서로 옥신각신 싸우면서 몇날 며칠 회의를 계속했지만, 결론은 쉽사리 나지 않았다.

이 우화는 기후 변화에 대한 국가별 입장 차이와 그에 따른 대응 방식을 보여준다. 알다시피 아프리카의 기후 변화 문제가 국제사회에 처음 대두한 1967년 이래 전 지구적인 노력이 시급하다는 공감대가 형성되었다. 그런데도 왜 그동안 국제적 합의가 더디게 진행되고 별다른 변화가 없었을까?

이 우화에서처럼 기후 변화의 책임에 대해 나라마다 입장이 다르기 때문일 것이다. 지금으로서는 최선의 합의라고 할 수 있는 파리 기후협정에서도 선진국과 개발도상국의 요구와 주장이 확연하게 달랐다.

기후 문제를 해결하기 위해서는 지구 온난화의 주범인 화석연료 사용을 제한하고, 탄소 배출을 줄이는 것이 가장 중요하다. 그런데 이 문제에 대한 각국의 입장이 첨예하게 대립하고 있다. 개발도상국의 입장은 이렇다.

"선진국이 누리는 풍요는 산업혁명 시기부터 지금까지 온실가스를 배출하면서 자연을 망가뜨려놓은 결과가 아닌가? 이것을 고려하지 않고 우리에게 똑같이 온실가스 배출에 책임을 지우는 것은 부당하다. 우리는 오랫동안 뒤처져 있다가 이제야 산업화에 한 발

내디뎠는데, 이 일마저 못하게 가로막는 것은 말도 안 된다. 탄소 배출과 지구 온난화에 가장 큰 원인을 제공한 장본인이 누구인지 선진국은 스스로 물어볼 필요가 있다."

개발도상국이 전혀 책임이 없다는 것이 아니라 '공동의 그러나 차별화된 책임(common but differentiated responsibility)'을 지겠다는 것이다. 선진국이 더 많은 책임을 져야 한다는 의미다. 지금까지 선진국은 개발도상국과는 비교할 수 없을 만큼 많은 온실가스를 배출해왔고, 그로 인한 이익도 크게 얻었으니 선진국이 져야 할 책임도 그만큼 크다는 것이다.

그러나 지금 당장 배출되는 온실가스의 양만 놓고 본다면 개발도상국의 몫이 더 크다. 특히 최근 수십 년 동안 탄소 배출량에서 아시아가 독보적인 선두를 달리고 있다. 2000년대 이후 아시아가 선두를 차지하게 된 데는 중국과 인도의 공이 가장 크다. 중국과 인도가 최근 20년 동안 경제 발전을 이루는 과정에서 배출한 온실가스의 양은 어마어마하다. 2015년 세계에너지기구(IEA)가 보고한 바에 따르면, 중국과 인도의 온실가스 배출량은 1990년 27억 톤에서 2013년 108억 톤으로 늘어났다. 이와 함께 아시아 전체의 온실가스 배출량도 1990년 57억 톤에서 2011년 153억 톤으로 거의 세 배 가까이 증가했다. 과거 수십 년 동안 제조업을 통해 눈부신 경제 성장을 이루었고 여전히 화력발전이 주 에너지원인 한국의 몫도 적지 않다. 실제로 한국의 온실가스 배출량은 1990년대에 비해 최근 2.5배 증가했다.

다른 한편으로 18세기 산업혁명 이후 지속적으로 누려온 경제적 이득과 그로 인해 발생한 온실가스를 따져보면 선진국의 책임이 훨씬 크다. 그런 면에서 '역사적 책임'이라는 말을 쓰기도 한다. '역사적 책임'을 계산해보면, 미국이 압도적 1등이고, 자본주의 경제의 선발주자인 서양의 여러 나라가 그 뒤를 잇는다.

하지만 이제 미국이나 유럽은 온실가스를 배출하는 산업시설을 적극적으로 규제하면서 새로 짓지 못하게 하고 있다. 청정에너지의 연구와 개발도 일찌감치 시작했다. 그렇다고 해서 그들이 온실가스를 배출하는 물건을 사용하지 않는 것은 아니다. 선진국이 소유한 공장은 대부분 아시아에 모여 있다. 세계 어느 곳을 가도 'made in China'가 없는 곳이 없다. 최근에는 'made in India', 'made in Vietnam'도 많이 볼 수 있다. 특히 유독물질이 많이 배출되고, 탄소 배출이 심한 업종일수록 중국과 인도를 비롯한 아시아에 공장을 두고 있다. 아시아는 지금 서구 선진국들의 쓰레기 처리장이라고 해도 과언이 아니다.

2011년 〈미국 국립과학원 회보(Proceedings of the National Academy of Science)〉는 선진국의 온실가스 배출량이 줄어든 주요 이유가 개발도상국에 공장을 이전했기 때문이라고 분석했다. 게다가 개발도상국이 선진국에 수출하면서 발생한 온실가스 규모가 선진국 탄소 감축량의 여섯 배라고 밝혔다.

결국 아시아 지역에서 온실가스가 크게 증가한 책임을 온전히 아시아에만 묻는 것은 옳지 않다. 이 때문에 탄소 배출에 대해 똑같은 책임을 부과하고자 하는 선진국에 중국 등이 반발하는 것이다.

2014년 미얀마의 기후학자인 툰르윈 박사는 2000년대 이후 기후 변화로 피해를 입은 지역의 순위를 발표했다. 사상자와 난민의 수가 많을수록 높은 순위를 차지하는데 10위 안에 아시아 국가가 7개나 들어 있다. 1위가 방글라데시, 2위가 미얀마, 3위가 필리핀이다. 모두 가난한 나라들이다. 이 나라들은 중국처럼 경제 성장을 이루지도 못했으면서 처참하게 피해를 입었다.

왜 탄소 배출로 이익을 얻은 선진 산업국가 사람들은 쾌적한 생활을 하는데, 탄소 배출과 전혀 상관없는 나라에 사는 사람들은 모래폭풍과 슈퍼태풍을 걱정해야 하는 걸까? 우리는 스스로 이런 물음을 던져보고, 그에 대한 정직한 대답을 찾아야 한다.

기후 변화라는 재앙은 공평하게 다가오지 않는다. 기후 변화의 원인을 제공한 사람 따로, 피해를 당하는 사람 따로다. 자연으로부터 이익을 취하는 사람과 기후 변화가 몰고 온 횡포 앞에 쓰러지는 사람이 다르다. 어느 모로 보나 온실가스를 배출하여 부자가 된 나라의 사람들은 기후 변화에 대해 책임과 의무가 있다. 선진국이 저개발국의 자연 재해를 지원하는 것은 책임과 의무를 다하는 것이지 자선이나 선행이 아니다. 이것이 '기후 정의'다.

세계는 왜
파리 기후협정에 주목하는가

무역과 경제전의 새로운 키워드, 기후 변화

기후 변화에 관한 한 세계 체제는 이제 파리 협정 이전과 이후로 나뉠 것이다. 2015년 파리에서 열린 제21차 기후변화협약 당사국 총회는 큰 역사적 의미를 가진다. 물론 그전에 지구 온난화 문제를 해결하기 위한 시도가 없었던 것은 아니다. 2015년 파리 총회가 열리기 전까지 탄소 배출의 중요한 기준이 된 것은 1997년 일본 교토에서 결의된 교토의정서였다. 그런데 교토의정서의 온실가스 감축 대상에 개발도상국이나 저개발국가는 포함되지 않았고 미국, 일본, 유럽연합 등 선진국 37개 나라에만 적용되었다. 교토의정서에 따르면 37개 선진국은 2008년부터 2012년까지 온실가스를 1990년에 비해 5.2퍼센트를 줄여야 했다. 그러나 미국, 일본, 캐나다 등 주요 국가가 무책임하게 탈퇴하면서 실효를 거두지 못했다.

그래서 세계는 2015년 파리에 주목할 수밖에 없었다. 파리 총회는 처음으로 지구 온난화 문제에 대한 전 지구적인 합의를 이끌어낸 역사적인 자리였다. 총회에서는 평균 기온 2도 상승을 억제하기 위해 온실가스 배출을 제한하기로 결의했다.

파리 기후협정의 의미 있는 성과는 147개국이 자발적으로 온실가스 감축안을 제출했다는 사실이다. 각 나라가 제출한 감축량을 모두 계산하면 지구 평균 기온은 2.7~3.5도 상승하는 것으로 나온다. 당초 목표는 2도 이하로 낮추는 것이었지만, 처음으로 세계 각국이 이처럼 구체적인 합의를 내놓았다는 점에서 매우 의미가 있다고 하겠다.

파리 기후협정이 교토의정서와 가장 크게 다른 점은 온실가스 감축 대상에 선진국만이 아니라 개발도상국과 최빈국까지 포함된다는 점이다. 최근 10여 년 동안 온실가스를 가장 많이 배출한 나라는 중국, 미국, 인도다. 따라서 이 세 나라가 노력하지 않으면 평균 기온 2도 상승 억제는 사실상 불가능하다. 그런데 파리 기후협정은 중국과 미국, 인도는 물론이고 몽골, 미얀마를 비롯하여 개발도상국과 최빈국까지 총 196개국 정상과 대표가 모여 합의한 전 지구인의 약속이라고 할 수 있다. 이처럼 파리 협정은 지구 온난화를 지연시키거나 막을 수 있는 실질적인 첫 합의라는 점에서 역사적 의미가 있다.

"(파리 기후협정을 통해) 인류는 거대한 한 걸음을 내디뎠습니다. 지금 인류는 매우 중대한 결정을 내렸으며, 이 결정이 이루어지는 데 우리 미국은 지대한 공헌을 했습니다. 이 회의에서 결정된 내용은 미국에 많은 영향을 미칠 것이고, 개인의 삶도 달라질 것입니다."

파리에서 돌아온 오바마 미국 대통령은 국민들에게 이번 회의의 성과와, 이것이 각자의 삶에 미칠 영향에 대해 설명했다.

세계사의 한 페이지로 기록될 파리 총회에 전 세계의 관심이 집중된 것은 당연한 일이었다. CNN과 BBC도 총회 기간 내내 총회 관련 소식을 톱뉴스로 내보냈다. 각국 언론은 파리 총회의 결정이 자기 나라에 미칠 영향을 분석하는 기사를 내보내느라 분주했다.

반면 우리 언론은 이 문제에 대해 매우 무관심했다. 언론뿐 아니라 나라의 중요한 일을 결정하는 정치인들도 무관심하기는 마찬가지였다. 파리 회의에 참석하고 돌아온 대통령도 국민들에게 아무런 메시지를 전달하지 않았다. 당시 우리 정치인 중에 파리 기후협정이 인류에게 얼마나 중요한 결정인지, 우리 경제와 사회에 어떤 파장을 불러올지 생각이라도 해본 사람이 있을까 의문이 들었다.

탄소 배출 억제는 지구와 인류의 미래를 위해서도 필요하지만, 급변하는 세계 경제의 소용돌이 속에서 생존하기 위해서도 매우 중요하다. 파리 회의에서 실효성 있는 결정이 내려지고, 미국과 중국이 적극적으로 주도했다는 사실도 탄소 배출 문제의 중요성을 보여준다.

미국과 중국이 적극적으로 나선 이유

....

파리 기후협정의 파장이 앞으로 어떻게 나타날까? 파리 협정이 실질적으로 적용되기 위해서는 합의된 감축안에 대해 국회에서 비준 절차를 밟아야 한다. 비준을 받은 참가국 수가 점점 늘어나서 55개국을 넘고 비준국이 차지하는 온실가스 양이 발생 총량의 55퍼센트를 넘어서면 자연스럽게 파리 협정이 효력을 나타내기 시작한다.

이 책을 쓰는 동안 이러한 요건이 충족되면서 파리 협정이 전격 발효되었다. 파리에서 협정을 결정한 지 10개월 뒤인 2016년 10월 5일을 기준으로 총 73개 나라가 비준을 마친 것이다. 한 달 뒤인 11월 4일 온실가스 총량도 55퍼센트를 넘기면서 드디어 발효되었다. 놀랄 만큼 신속하게 이루어진 일이었다. 2021년 1월 1일부터 파리 협정에 따라 각국은 약속한 대로 온실가스를 줄여나가야 한다. 바야흐로 신기후 체제가 눈앞에 다가온 것이다.

파리 협정이 이렇게 신속하게 발효될 것이라고 예상하지 못하고 미적대다가 당황한 나라가 있다. 바로 일본이다. 1997년 교토의정서를 주도하면서 국제적인 발언권을 높여가던 일본은 이번에는 발효 시점까지 비준도 하지 못했다. 2016년 11월 7일, 파리 협정 이후 유엔 기후변화협약 첫 번째 총회가 모로코 마라케시에서 개최되었다. 국내 비준을 거친 나라만이 제1차 파리 협정 당사국 총회(CMA1) 정식 회원국이 된다. 결국 일본은 파리 협정 당사국 총회의 정식 회원국으로 참가하지 못하는 수모를 겪었다. 이로써 중국을 견제하면서 아시아·태평양 지역에서 온실가스 감축 국면을 주도하려던 일본은 발효 시점을 오판하면서 첫 총회부터 주도권을 잃게 되었다. 다행히 한국은 발효 하루를 남겨놓고 11월 3일에 비준했다.

그런가 하면 이번 파리 협정 이행에 의외로 적극적인 나라들이 있었다. 온실가스 배출량 세계 1, 2위 국가인 중국과 미국이다. 그동안 기후 변화에 대한 회의가 25년째 해마다 열렸지만, 대부분 합의에 이르지 못하거나 합의를 하더라도 실효를 거두지 못했다. 그것은 세계 경제를 실질적으로 주도하는 미국과 중국이 적극적으로 나서지 않은 이유가 컸다. 그런데 파리 총회는 미국과 중국이 사실상 주도했다고 볼 수 있다. 파리 회의를 마치고 미국과 중국 두 나라 정상들은 국민들 앞에서 이번 총회의 결정으로 어떤 변화가 있을 것인지, 자국이 어떻게 달라져야 하는지를 설명했다. 두 나라 정상이 국민들에게 회의 내용을 정성스럽게 보고하고 함께 노력하자고 설득하는 모습을 통해 양국의 의지를 엿볼 수 있었다.

그날 이후 미국과 중국 사이에 조금 낯선 풍경이 벌어진다. 남중국해의 주도권을 둘러싸고 팽팽하게 대립하던 두 나라는 기후 변화에 대해서만큼은 이상할 정도로 적극적으로 협력하고 있다. 심지어 미국과 중국이 비준한 날도 똑같이 2016년 9월 3일이다. 서로를 배려하는 모습이 지극정성이었다. 여기서 파리 협정의 주역인 미국과 중국의 태도 변화에 담긴 속내를 읽을 필요가 있다.

그동안 소극적이던 미국이 왜 태도를 바꾸었을까? 그동안 새로운 기후 변화 합의를 무산시키는 데 일등공신이던 중국이 앞장선 이유는 무엇일까? 두 나라는 왜 갑자기 기후 변화를 이토록 염려하게 되었을까?

미국의 진짜 속내

"대통령이자 아버지이자 미국 시민으로서 말합니다. 우리는 이제 행동에 나서야 합니다."

2013년 6월 25일 미국 오바마 대통령은 집권 2기 어젠다를 발표하면서 가장 중요한 이슈로 기후 변화를 들고 나왔다. 그는 2020년까지 온실가스 배출량을 17퍼센트(2005년 기준)를 줄이겠다고 발표하고, 국제적 지원을 강화해서 기후 변화 현안을 미국이 주도하겠다고 했다.

오바마의 연설을 듣고 잠시나마 나는 지구촌에 기후 변화 해결의 한 줄기 빛이 보인다는 희망을 품었다. 그런데 그것은 매우 순진한 생각이었다.

나오미 클라인이《이것이 모든 것을 바꾼다》에서 밝힌 것처럼, 위키리스크와 페루 인권단체 레드가 공개한 문서에 미국의 진심이 들어 있다. 2014년에 체결한 환태평양 경제동반자협정(Trans-Pacific Partnership)이 그것이다. 이 협정의 환경 관련 분야 초안에는 "각국은 기후 변화가 집단행동을 통해 대처해야 하는 세계적인 관심사라는 사실을, 또한 유엔 기후변화협약 사항을 이행하는 것이 매우 중요하다는 점을 인식해야 한다"라는 내용이 들어 있었다. 하지만 나중에 작성한 문서에는 이 문구가 감쪽같이 사라졌다.

왜일까? 미국 협상 대표들이 기후 변화와 유엔 기후변화협약 내용을 모두 삭제하라고 주장했기 때문이다. 이상하지 않은가? 미국 대통령이 직접 기후 변화 대응을 이끌겠다고 선언한 지 채 1년도 지나지 않아 미국 행정부가 기후 변화 내용을 삭제하라고 지시하다니……. 여기서 끝이 아니다. 2015년에 미국은 또 태도를 바꿔 중국과 함께 아주 적극적으로 파리 협정을 성사시켰다. 한 국가의 공식 입장이 이렇게 손바닥 뒤집히듯 쉽게 바뀌다니, 미국이라는 나라가 변덕이 심한 걸까?

아니다. 미국은 그동안 온실가스와 연계한 무역협정에 대한 시나리오를 준비해오고 있었다. 여기서 잠깐 세계무역협정을 알아보자. 세계무역협정은 기후변화협약과 거의 같은 시기에 만들어졌다. 1992년 브라질 리우에서 유엔 기후변화협약(UNFCCC)이 만들어졌다. 그리고 1995년에 세계무역협정이 체결되었다. 우리가 알고 있는 세계화의 시대는 세계무역협정과 함께 열렸다. 이를 주도하는 기구가 세계무역기구(WTO)다. 선진국이 대기오염의 주범인 제조업 공장을 중국, 인도, 방글라데시, 베트남, 미얀마 등으로 이전할 수 있었던 것은 바로 세계무역협정이 체결되었기 때문이다.

그렇다면 자국의 경제적 이익만 추구하면서 환경 문제를 등한시하는 이기적인 무역 거래를 규제할 방법은 없었을까? 본래 그러한 역할을 담당해야 하는 것이 바로 기후협약이다. 하지만 기후협약은 너무 힘이 약하다. 기후협약의 의무를 어겨도 무역 보복과 같은 규제를 가할 수 없다. 기후협약을 주도한 선진국들은 처음부터 이렇게 기후협약의 손발을 묶고 무력화시켰다. 그러다 보니 무역협정과 기후협약이 충돌하면 언제나 무역협정이 승리했다. 그러니 선진국이 개발도상국으로 쓰레기 산업을 이전해도 기후협약은 막을 도리가 없었다.

미국은 기후협약보다 무역협정에 관심이 있다. 중국도 마찬가지다. 하지만 이제 기후 변화 문제를 해결하기 위한 첨단기술이 돈이 되는 시대가 오자 미국과 중국은 청정에너지 개발에 집중하기 시작했다. 돈이 되는 곳에 투자하겠다는 것이다.

국제재생에너지기구(IRENA)에 따르면 2010~ 2014년 미국의 재생에너지 시장은 연평균 4.4퍼센트 증가했다. 이 기간 동안 풍력 발전은 17퍼센트, 태양광 발전은 35.7퍼센트 성장했다. 2014년 재생에너지가 미국 전체 발전량의 13.1퍼센트를 차지하면서 그 규모가 250기가와트에 이르게 된다. 이 규모는 세계 10위권인 한국이 갖고 있는 모든 발전 설비 용량의 2.5배에 해당한다. 미국의 청정에너지는 2010년 대비 두 배 증가한 것이다.

중국도 마찬가지다. 세계적인 회계법인 딜로이트 투셰 토마츠(Diloitte Touche Tohmatsu)가 발표한 〈2015년 청정에너지 산업보고서〉에 따르면, 2014년 현재 중국은 재생에너지 생산 및 증가량 모두 세계 1위다. 총생산량은 미국 청정에너지 총량의 두 배인 433기가와트이고, 2014년 한 해에만 청정에너지 산업에 899억 달러를 투자했다.

오바마 대통령이 집권 2기 어젠다로 기후 변화를 구상하고, 이를 세계적으로 확산하려 한 이유는 분명하다. 단언컨대 기후 변화 해결에 필요한 다양한 기술을 개발도상국과 평화롭게 공유하려는 것이 아니다. 다른 나라가 따라올 수 없는 청정에너지 기술로 미국과 중국이 주도하는 새로운 무역협정을 만들겠다는 뜻이다. 정확히 말하자면 미국은 여기에 중국을 끌어들인 것이다. 기후 변화 대응기술 시장이 블루오션으로 떠올랐고, 그 선두에 미국과 중국이 있다.

좀 더 구체적으로 접근해보자. 오바마가 2013년 6월 25일 감동적인 연설을 하고 난 이후 미국 국무부에 중국 고위급 손님들이 찾아왔다. 존 케리 국무장관이 이미 석 달 전 중국에 다녀온 연장이었다. 중국에서 고위급 손님들이 방문한 지 2주 후 존 케리 미국 국무장관과 중국 왕양(汪洋) 부주석이 참석한 '전략경제 워킹그룹 회의'가 개최되었고, 여기서 미·중 합의문이 나왔다. 세계 최대의 온실가스 배출국인 미국과 중국이 협력해서 자동차와 발전소, 탄소 포집 기술, 에너지 효율화, 스마트그리드, 온실가스 데이터 등 다섯 가지 영역에서 온실가스를 줄이겠다는 합의였다.

존 케리 장관은 이 합의문의 의도를 숨기지 않았다. "이번 전략 경제 워킹그룹은 기후 변화에 집중했습니다. 지구상에서 온실가스를 가장 많이 배출하는 미국과 중국이 협력해서 새로운 금융과 규제 표준을 만들 것입니다. 우선 다섯 가지 영역에서 시작하면서 국경을 넘어 파급 효과를 만들어갈 것입니다." 이는 미국과 중국뿐 아니라 이들 나라와 무역을 하는 모든 나라에 "온실가스 감축 성과를 입증할 것"을 요구하겠다는 선언이다. 그동안 무역 정책에서 빠져 있던 온실가스가 드디어 무역 정책의 대상이 된 것이다. 그 후 2014년 11월 14일 아시아태평양경제협력체(APEC) 정상회담에서 미국과 중국이 자국의 온실가스를 줄이는 데 합의했다.

여기서 반드시 짚어야 할 중요한 사실이 있다. 온실가스 감축을 환경 정상회의가 아니라 무역 정상회의에서 합의했다는 점이다. 결국 미국과 중국의 관심사는 '기후'가 아니라 '무역'이었던 것이다.

2016년 6월 9일 미국 국무부는 2년 동안 진행해온 여덟 차례의 전략경제 워킹그룹의 성과 보고서를 제출했다. 미국과 중국은 자동차, 발전설비만이 아니라 수송, 냉장고 냉매, 에너지 효율 빌딩, 온실가스를 포집하고 저장하는 기술, 저탄소 도시, 산림 분야, 녹색 항구와 선박, 온실가스 데이터 등 아홉 가지로 영역을 확장한다. 기후 변화와 관련해서 중요한 영역은 모두 포함된다. 특히 미국이 10년 이상 개발한 온실가스 데이터 측정 기술과 표준을 중국에 이전하는 것을 매우 중요하게 여기고 있다.

이제 파리 협약에서 약속한 대로 선진국만이 아니라 개발도상국, 최빈국까지 온실가스를 줄여야 한다. 미국은 자국이 개발한 온실가스 감축 표준과 기술을 전 세계에 팔겠다는 것이다. 미국과 중국이 시작하는데 따라가지 않을 나라가 없다. 미국과 중국이 파리 협약을 통해 얻고자 하는 것은 인류를 위해 온실가스를 줄이겠다는 것이 아니다. 온실가스에 대한 무역 표준을 만들고, 이것을 세계무역협정에 적용해서 돈을 벌겠다는 것이다. 앞서 미국이 변덕을 부리듯

태도를 바꾼 이유가 여기서 드러난다. 미국은 무역 표준을 자국에 유리하게 정하기 위해서, 자국이 주도하지 않은 2014년 환태평양 경제동반자협정을 힘으로 무산시킨 것이다.

미국과 중국은 파리 협약을 통해 온실가스 규제 기준을 강화할 것이다. 그동안 지구를 황폐화시키고 오염시킨 미국과 중국의 대자본이 이번에는 황폐화된 지구를 이용해서 또 한 번 승자가 되기 위해 나서고 있다. 아무 준비도 하지 않은 개발도상국과 최빈국은 미국과 중국의 진군에 주머니를 털리게 생겼다. 기후 변화의 현안을 이처럼 미국과 중국, 대자본이 주도하는한 개발도상국과 최빈국, 선진국의 중산층, 노동자, 농민은 더욱더 변방으로 밀려날 것이다.

중국의 속사정

중국은 옛 지도자 덩샤오핑(鄧小平)의 유훈을 따르는 나라다. 1980년대 덩샤오핑의 대외정책은 '도광양회(韜光養晦)'였다. '재능을 숨기고 실력을 쌓을 때까지 기다린다'는 의미다. 이 유훈에 따라 중국은 그동안 엄청난 내공을 쌓으면서 외부에 공개하지 않았다.

2003년에 베이징, 상하이, 선전 등을 방문한 적이 있다. 당시 중국의 변화를 보고 깜짝 놀랐다. 과거 중국은 사라지고, 엄청나게 바뀐 중국을 발견했기 때문이다. 그때도 덩샤오핑의 '도광양회' 정책에 따라 중국은 자국의 번영을 외부에 자랑하지 않았다.

세계의 공장이라고 불리는 중국은 현재 전 세계 시멘트의 60퍼센트, 철강의 51퍼센트, 콜라의 65퍼센트를 생산하고 있다. 서구 사회가 기피하는 산업시설을 이전해서 경제 성장을 달성한 결과 중국의 대기오염은 세계 최악의 수준이다.

그런 중국이 지금은 기후 변화 대응의 선두에 나섰다. 이미 대기오염 스모그를 줄이기 위해 과감한 투자를 시작했다. 2012년 중국은 2013년부터 2017년까지 5년 동안 베이징, 텐진, 허베이 3개 지역의 스모그 25퍼센트를 줄이기 위해서 2777억 달러를 투자하기로 결정했다. 2777억 달러는 우리 돈으로 약 305조 원으로 우리나라 1년 예산과 맞먹는 액수다. 이런 큰돈을 3개 지역의 스모그를 줄이기 위해 내놓은 것이다. 스모그를 25퍼센트 줄이려면 석탄 사용을 10퍼센트까지 줄여야 한다. 솔직히 3퍼센트 감소도 쉽지 않아 보이지만, 어느 때보다 강한 의지를 보이고 있다.

사실 중국은 '좋은 일을 한다' 같은 국제적 인정에는 전혀 관심이 없다. 제발 "숨 좀 쉬자"는 국내의 절박한 여론을 달래는 일이 시급하다. 대기오염 감축과 온실가스 감축은 중국 정부로서는 정권의 생명이 달린 매우 중차대한 문제다. 중국의 심장부인 베이징, 텐진, 허베이 세 지역의 시민들이 정부를 신뢰하지 못하고 문제 해결 능력에 의문을 가지게 되면 중국 공산당 정권이 흔들릴 수도 있다. 1월이 되면 오염이 심해져서 미세먼지 농도가 1000마이크론까지 올라간다. 평소 230마이크론만 되어도 견디기 힘든데 1000마이크론까지 올라가면 생명의 위협을 느낄 만큼 고통스럽다.

공기 오염의 원인은 석탄이다. 석탄은 에너지원의 75퍼센트를 차지하고 있다. 베이징 주변을 비롯한 공업단지의 에너지원은 거의 석탄이다. 기업으로부터 세금은 받으면서 스모그 문제를 해결하지 않는 정부를 시민들이 하염없이 기다려줄 이유가 없다는 것이 일반적인 여론이다.

이처럼 온실가스 문제는 정권의 운명이 달린 절박한 문제이기 때문에 중국 정부는 최선을 다할 수밖에 없다. 2014년과 2015년 두 차례 전국인민대표대회에서 논의된 첫 번째 현안이 경제 성장이나 외교 문제가 아니라 스모그 감소였다는 것만 봐도 알 수 있다. 이제 중국 공산당은 경제 성장률을 낮춰서라도 스모그를 해결해야 한다고 인식하고 있는 것이다.

게다가 중국의 온실가스 대규모 감축은 불가능하지 않다. 중국은 지금 에너지 효율이 너무 낮아서 조금만 노력해도 다른 선진국보다 훨씬 많이 개선될 여지가 있다. 예를 들어 같은 양의 철강을 생산한다고 가정할 때 독일에 비해 중국은 온실가스를 18배나 많이 배출한다. 알루미늄은 유럽보다 6.6배를 배출한다. 산업시설이 낙후되어 있기 때문인데, 시설을 조금만 개선해도 온실가스 양을 대폭 줄일 수 있다. 이처럼 치밀한 계산과 준비를 이미 끝마쳤기에, 파리 총회를 다녀온 시진핑(習近平) 국가주석은 "이것은 중국의 승리다"라고 국민 앞에서 선언할 수 있었을 것이다.

중국은 온실가스 배출권 거래제를 이미 7개 성(省)에서 시행하고 있다. 또한 중국은 전 세계에서 청정에너지에 가장 많이 투자하는 나라로, 미국보다 평균 두 배나 많다. 또 태양광, 풍력 같은 청정에너지는 실생활에 활용되고 있다. 그 결과 현재 베이징에는 석탄화력발전소가 하나도 없다. 《이것이 모든 것을 바꾼다》의 저자 나오미 클라인의 분석에 따르면, 2011년 이미 건설 허가를 받은 중국의 석탄화력발전소 중 3분의 1이 건설을 중단했고, 신규 석탄발전소에 대한 투자 금액도 2005년 수준의 절반에도 미치지 못하고 있다. 중국은 2001~2010년에 80기가와트 규모가 넘는 석탄화력발전소를 폐쇄했으며, 앞으로 20기가와트가 넘는 규모의 발전소를 폐쇄할 계획이다. 2016년 한국의 총 발전 규모인 108기가와트와 맞먹는 규모다. 중국의 스모그와 온실가스 배출이 심각한 것은 사실이지만, 그 심각성을 깨닫고 다음을 준비하고 있음을 주목해야 한다.

여기서 잠깐, 미국이 왜 온실가스 저감을 위해 중국과 손잡았는지 생각해보자.

중국은 온실가스 감소가 정권의 생존이 달린 절박한 문제이기 때문에 과감한 투자를 하고 있다. 하지만 어떻게 줄여야 할지 몰라서 공장을 부수는 극단적인 방법까지 사용하고 있다. 온실가스 배출 기준을 초과한 공장은 폭탄으로 폭파시킬 만큼 저감 기술이 많이 부족하다. 이 부분을 미국이 채워주고 있다. 미국은 노하우와 기술을 중국에 컨설팅해주겠다는 입장이다.

미국은 이미 온실가스 저감 노하우를 개발했다. 건물의 냉난방을 효율적으로 하는 웨더라이제이션(Wetherization)에 관한 노하우가 축적되어 있다. 《에너지혁명 2030》의 저자인 스탠퍼드 대학의 토니 세바 교수에 따르면, 미국은 원자력보다 태양광의 단가가 더 낮아지는 등 온실가스 저감 기술에서 크게 앞서가고 있다. 반면 태양광 발전에 필요한 기계와 패널은 중국에서 제일 많이 생산되며 가격도 싸다. 이처럼 미국은 이미 구축한 기술의 경쟁력과 값싸게 이용할 수 있는 중국의 제조업을 통합해서 온실가스 저감 산업을 추진하려는 의도를 가지고 있다. 이와 더불어 자국의 핵심 기술을 중국에 팔려는 목적도 있다.

한국의 착각

"온실가스를 가장 많이 배출하고 돈도 많은 미국이나 중국도 안 하는데, 왜 우리가 온실가스를 줄여야 합니까?"

기후 변화와 온실가스 저감 방안에 대해 토론할 때 한국 산업계와 정부 관계자들이 자주 하는 말이다. 기후 변화에 대한 문제의식 부족과 온실가스를 감축하기 위해 노력하고 싶지 않다는 심사를 그대로 드러내는 말이다. 파리 협약 이후에는 이런 핑계가 통할 수 없게 되었다. 한국은 지난 100년 동안 누적 온실가스 배출량에서 세계 16위이고, 연 배출량 세계 7위 국가다. 온실가스를 가장 많이 배출하는 국가 중 하나다. 미국과 중국이 기후 변화를 활용해 벌이고 있는 사실상의 무역전쟁에서 한국은 막대한 피해를 볼 것이다.

2015년 12월 서울시 기후변화대응과가 주관한 '서울시 온실가스 감축 방안' 자문회의에 참석한 적이 있다. 정부가 서울시에 할당한 온실가스를 어떤 기준으로 어떻게 줄여야 하는가에 대해 자문위원들이 다양한 의견을 내는 자리였다. 이 자리에 대기업을 대표해서 대한상공회의소 간부가 참석했다.

문제는 기준이었다. 환경부는 앞으로 한국이 온실가스 감축 실적을 국제적으로 인정받아야 하고, 그러자면 당연히 유엔 기후변화협약이 제시한 국제 기준을 따라야 한다고 강변했다.

하지만 대한상공회의소 간부는 "기업은 이렇게 까다로운 기준을 따를 수 없다. 온실가스를 2030년까지 12퍼센트 줄이라고 하는데, 우리는 10분의 1인 1.2퍼센트를 줄일 여력도 없다. 서울시와 함께 환경부를 설득해 기준을 낮추어야 한다"는 취지의 발언을 했다.

서울시는 그의 발언을 듣고만 있었다. 하지만 나는 분명한 반대 입장을 밝혔다.

"한국은 2030년까지 온실가스를 37퍼센트 줄이겠다고 약속했다. 국제 기준인 유엔 기후변화협약의 기준을 따라야 한다. 만일 한국이 자의적인 기준으로 온실가스를 줄일 경우 문제가 심각해진다. 아울러 기업이 청정에너지를 중심으로 투자 계획을 세우고 과감하게 에너지원을 전환할 준비를 해야 한다. 그렇게 되면 기업도 혁신을 해서 활성화되고 좋은 일자리가 많이 늘어날 것이다. 그렇지 않으면 강제로 산업구조를 급격히 바꾸어야 할 것이다. 이렇게 되었을 때를 상상해보았는가? 준비하지 않은 기업도 피해를 보겠지만, 월급 받는 노동자와 가족들, 농민과 어민들이 가장 큰 고통을 겪을 것이다."

이날 서울시는 자문위원들의 의견 차이로 결론을 내지 못했다.

문제는 5개월이 지난 2016년 5월 17일에 생겼다. 대통령과 장관들이 모이는 국무회의에서 온실가스 할당과 기준을 제시하는 담당 부처가 바뀐 것이다. 환경부에서 국무조정실로 바뀌고 탄소 배출을 운영하는 기관은 기획재정부가 맡게 되었다. 환경부가 기업의 말을 들어주지 않으니, 기업을 잘 이해해주고 요구도 잘 들어주는 국무조정실과 기획재정부로 바뀐 것이다. 정말 경악스러운 일이었다.

이런 일을 누가 할 수 있을까? 환경부를 설득하려다가 잘 안 되자, 아예 담당 부처를 바꿔버릴 정도로 힘이 있는 세력일 것이다. 나는 기업과 산업체를 대표하는 대한상공회의소와 전경련이 유력한 당사자라고 의심하고 있다. 그럴 만한 이유가 있다.

담당 부처가 바뀌자 기업들은 기다렸다는 듯이 온실가스 배출을 규제하는 법인 '온실가스 배출권 할당 및 거래에 관한 법' 개정을 본격적으로 요구했다. 2016년 4월 총선이 끝나자마자 언론 매체인 《머니투데이》가 18대 대기업 관계자들을 대상으로 '한국 대기업이 20대 국회에서 추진되길 희망하는 법안'에 대한 설문조사를 실시했다. 그 결과 기존에 환경부가 주도하고 운영을 담당했던 온실가스 배출권 할당과 거래에 관한 법이 꼽혔다.

한국의 '온실가스 배출권 할당 및 거래에 관한 법'의 핵심 내용은 이렇다. 현재 정부는 기준치 이상의 온실가스를 배출하는 기업과 기관에게 배출량을 정해주고 있다. 이것이 할당이다. 유럽연합의 경우 발전 부문 등에서는 100퍼센트를 유상으로 할당하고 있다. 즉 온실가스 배출량을 기업에게 판매하는 것이다. 그런데 한국은 기업에게 무상으로 온실가스 배출권을 제공하고 있다. 만약 어떤 기업이 할당량 이상으로 온실가스를 배출하게 되면 탄소 배출권을 구입해서 상쇄하거나 과징금을 물어야 한다. 반면 공짜로 받은 할당량이 남은 경우 기업은 이를 판매하여 수익을 낼 수 있다.

그런데 이상하지 않은가? 공짜로 할당받고, 남으면 팔 수 있다는 사실 말이다. 상식적으로 말이 안 된다. 뿐만 아니라 이 조항은 "공짜 탄소는 없다", "탄소에 가격을 부과한다"는 국제적 추세에도 맞지 않다.

여기에 기업 관계자들이 요구한 법 개정의 핵심은, 할당량 이상으로 배출한 기업이 탄소 배출권을 구입해서 상쇄했을 때 정부가 그 비용을 보상해달라는 것이다. 기업은 "충분한 자금을 들여 그동안 탄소 발생을 줄이기 위해 노력했는데 정부가 탄소를 더 줄이라고 하는 것은 부당하다. 따라서 어쩔 수 없이 탄소를 더 많이 배출할 경우 기업이 구입한 탄소 배출권을 정부가 보상해야 한다"라고 주장한다. 말하자면 시민들의 세금으로 대신 해결해달라는 것이다. 기업이 더 많은 온실가스를 배출했다는 것은 그만큼 상품을 많이 생산해서 이익을 남겼다는 뜻이다. 이익은 기업이 챙기고, 비용은 시민들에게 전가하는 것이 대기업의 논리다.

한국의 대다수 기업과 정부는 국제사회에서 벌어지는 기후전쟁에 아직 대비하지 못하고 있다. 대신 어떻게 해서든 이익은 챙기고 비용은 시민들에게 떠넘기려 하고 있다. 지금까지 그래왔으니 앞으로도 계속 그래도 된다는 식이다. 착각도 이만하면 병이다. 한국 사회를 망치고 있는 그 병을 어떻게 치료할 수 있을까?

사양산업을 살리는 방법

영화 〈브래스트 오프〉와 〈풀 몬티〉는 산업 구조조정이라는 거대한 물결에 휩쓸려 몰락하는 사양산업 노동자들의 애환을 담고 있다. 탄광 노동자들과 철강 노동자들이 저마다 처한 시련을 극복해나가는 스토리가 잔잔한 감동을 준다. 영화는 다행히 해피엔딩이다. 브라스밴드 경연대회에서 우승하고(〈브래스트 오프〉), 스트립쇼를 성공적으로 마친다(〈풀 몬티〉). 하지만 광산 폐쇄나 철강산업의 침체라는 근본적인 문제를 해결하지는 못한다. 밴드 경연대회에서 우승을 차지하고 성공리에 스트립쇼가 끝나면 그들은 모두 일상으로 돌아가야 한다. 다시 구직활동을 해야 식료품을 사고 아이들 양육비를 마련할 수 있는 처지다.

산업 구조조정은 전 세계적으로 이미 여러 차례 진행되었고, 수십만 수백만 명의 운명을 바꿔놓았다. 그것은 거스를 수 없는 거대한 역사의 흐름이기 때문에, 장기적인 계획을 가지고 미리 준비하지 못하면 개인의 삶은 산산이 부서질 수밖에 없다. 마치 〈풀 몬티〉의 철강 노동자들처럼 스트립쇼라도 하지 않으면 먹고살기 막막한 현실이다.

현재 우리나라에서도 심각한 위기에 빠진 산업이 있다. 바로 조선업이다. 우리나라 조선업이 수주를 받지 못해 위기에 빠졌다는 말은 어제오늘의 이야기가 아니다. 2008년 세계 금융위기가 닥쳤을 때 이미 우리 조선업은 위기 상황이었고, 당시 국회 입법조사처는

"정부의 조선업 구조조정 정책은 현상 유지에 초점이 맞춰져 있다. 미래 지향적인 구조전환 정책을 검토해야 한다"라는 보고서를 제출했다. 연명이 아니라 전환이 필요하다고 진단한 것이다.

하지만 정부와 해당 기업은 보고서를 무시했다. 그 결과가 지금 나타나고 있다. 그러자 정부와 조선업이 많은 경상남도, 부산, 전라남도의 지방자치단체는 일제히 조선업의 회생을 도울 '조선산업 종합대책'을 발표하고 있다. 주로 특별고용지원업종을 추진하겠다는 것인데 이 정도 조치로는 앞이 보일 리 없다.

2016년 10월 한국노동연구원이 작성한 〈조선산업의 구조적 위기, 어떻게 대응해야 하나〉라는 보고서에 따르면, 2015년 말 20만 3282명이던 조선업 전체 인력은 2016년 6월 18만 3193명으로, 반년 만에 2만 89명이 회사를 떠났다고 한다. 또한 떠난 인력 중 2134명이 정규직이고, 사내 하청 인력은 89.4퍼센트인 1만 7955명이다. 언제나 더 열악한 상황에 처한 사람들이 가장 먼저 희생된다. 전문가들의 조사에 따르면, 조만간 6만 명 정도가 더 해고되거나 회사를 떠날 것으로 예상된다. 노동자 수를 감축해 기업을 연명시키겠다는 것이다. 노동자 가족까지 감안하면 20만 명이 넘는다. 결국 산업이 위기에 처하면 가장 큰 피해를 보는 사람들은 노동자와 그 가족들이다.

기후 변화와 무역 압력이 본격화되면, 조선업만이 아니라 석탄화력발전소에 근무하는 노동자들도 당장 문제가 될 것이다. 뿐만 아니라 자동차, 철강회사, 정유회사, 화학산업도 영향을 받는다. 그럴

때마다 해고와 구조조정으로 대응하는 것은 당장의 연명에만 초점을 맞춘 정책이다.

이와 똑같은 위기를 성공적으로 돌파한 나라들이 있다. 덴마크, 스웨덴, 독일 등의 조선업도 과거 똑같은 위기에 처했지만 대응 방법은 전혀 달랐다. 현재 세계 풍력발전기 1위 업체인 덴마크의 베스타스는 철강기계 업체였다. 이 기업은 일찍이 풍력발전기 회사로 변신하는 데 성공했다. 2008년 금융위기 때 독일 조선업도 파산 위기에 처했는데, 독일의 철강회사 티센크루프는 선박 용접공장을 풍력발전기 제조업체인 지악샤프에 매각해서 풍력발전기 회사로 전환했다. 조선업과 풍력발전업은 용접에서부터 터빈까지 기술을 공유할 수 있다. 조선업에 종사하던 노동자들은 풍력발전기를 만드는 인력으로 전환할 수 있다. 녹색산업으로 산업을 전환해서 좋은 일자리를 창출한 사례다.

한때 한국의 조선업도 이런 성공적인 변신을 꿈꿨던 적이 있다. 2008년 금융위기 이후 국내 조선회사들은 미국의 풍력 터빈 기술을 보유한 드윈드를 인수하는 등 풍력발전기 산업에 뛰어들었다. 대우조선해양은 드윈드에만 초기 1억 2000만 달러를 투자하여 인수했다. 그런데 6년 동안 적자가 쌓이자 2015년에 드윈드를 헐값에 시장에 내놓았다. 풍력발전기 후발주자라서 실적이 좋지 않다는 핑계 아닌 핑계를 대면서 말이다. 하지만 드윈드는 신생 기업이 아니라 이미 풍력설계, 기술, 마케팅 분야에서 입지를 구축한 기업이었다. 비슷한 시기인 2008년에 독일의 티센크루프가 풍력발전기 회사로 전환해서 살아남은 것을 볼 때, 후발주자 운운하는 주장은 전혀 설득력이 없다.

문제는 한국의 조선회사들이 외국계 풍력회사를 인수할 때 갖고 있던 철학이다. 왜, 무엇을 위해 풍력회사를 인수하는지에 대한 비전이 없었다. 한국 기업은 미래의 먹을거리를 위해 투자를 했다. 드윈드를 통해 당장 이익을 내겠다는 욕심이 앞섰다. 장기적 안목으로 인내하면서 내공을 쌓아가는 것, 그것이 잘 자리 잡은 풍력발전기 회사들의 공통점이다. 그런데 단기간에 이익이 나오지 않자 그 많은 돈을 투자하고도 헐값에 매각하는 것을 보고 나는 답답함을 느꼈다. 2016년 구조조정 방향을 제시하면서 '핵심만 남기고 처분했다'고 하는데, 하필이면 그 핵심이 다름 아닌 사양산업인 조선업이었다. 여기서 또 한 번 비애를 느낄 수밖에 없었다.

이보다 더 이상한 조처도 있다. 드윈드를 처분하라고 한 지 얼마 되지 않아, 한국 정부는 2016년 하반기 조선산업 종합대책을 발표하면서 풍력발전을 하나의 대안으로 제시한다. 돈이 안 된다는 이유로 풍력발전을 버렸다가 다시 조선업 퇴조에 대한 대책으로 풍력발전을 거론하다니, 국가 정책이 이렇게 갈팡질팡해도 되나 싶다.

덴마크의 풍력산업이 발전한 배경에는, 풍력발전에 유리한 자연조건(바람이 많고 규칙적으로 불어온다는)도 있지만 정부의 일관된 정책도 한몫을 했다. 애초에 환경을 고려해서 원자력발전소를 건설하지 않은 덴마크 정부는 풍력발전으로 생산된 전력을 높은 단가로 구입해 풍력산업에 활력을 불어넣었다. 게다가 덴마크에는 일찍부터 기

술을 개발한 베스타스와 같은 내공 있는 기업이 있었다. 조선업이
파산하자 조선소에서 일하던 숙련된 기술자들이 풍력발전기 회사
로 옮겨간 것도 큰 이유가 된다. 이것이 바로 '연명이 아닌 전환'의
좋은 모델이다.

지금은 새로 시작하기에 가장 좋은 시기

2008년 금융위기로 미국의 자동차 회사들이 문을 닫을 때 북미
노동운동의 핵심적인 지식인이면서 캐나다 자동차 노동조합 연구
소장으로 활동해온 샘 긴딘(Sam Gindin)은 당시 전환의 방향을 이렇
게 제안했다.

"진정으로 환경적 요구를 경제에 통합하려고 한다면 우리는 생산
과 소비 방식은 물론 여행 방식과 생활방식까지 완전히 바꾸어야
한다. 이와 관련한 잠재적 노동력은 무궁무진하다. 폐업 위기에 몰
린 자동차 공구 및 부품 공장은 다양한 부품을 생산할 능력을 갖
고 있으며, 자동차 부문의 노동 인력은 바람직한 활동에 종사하고
자 하는 열망을 품고 있다.

자동차 부문의 설비와 기술은 다른 종류의 자동차와 부품을 생
산하는 활동뿐 아니라, 대중교통 수단을 확대하고 새로운 운송 시
스템을 개발하는 데도 쓸모가 있다. 또한 이 설비와 기술은 모든
공장의 기계와 모터를 친환경적인 방향으로 개조하는 과정에 투입

될 수 있으며, 중고 부품과 최종 생산물(자동차 등)을 재활용하는 새로운 생산 시스템에도 투입될 수 있다. 주택과 가전제품도 개조해야 한다. 태양광 패널과 풍력 터빈 사용을 확산하고, 새로운 전력망 개발, 운송 방식과 에너지 사용 방식을 변화시킬 수 있도록 도시 기간시설 또한 재정비되어야 한다.

현재의 경제위기와 앞으로 닥칠 환경위기를 동시에 극복해야 하는 지금이야말로 이러한 프로젝트를 시작하기에 가장 좋은 시기가 아니겠는가? 귀중한 시설과 설비를 버려서도 안 되고 기술자들, 숙련된 사무 인력, 생산 인력의 창의성과 지식과 능력을 낭비해서도 안 된다는 주장을 펼치기에 가장 좋은 기회가 아니겠는가?"•

이것이 '전환'의 방향이 아닐까? 눈앞의 이익에만 집착해 '연명'을 궁리하면 한국 조선업처럼 참담한 실패만 있을 뿐이다. 샘 긴딘의 제안은 무엇을 위해, 어떻게, 무엇을 전환해야 할지 깊이 성찰하는 데 도움이 된다. 위기를 맞은 조선업을 제대로 전환시킨다면, 앞으로 파리 협약과 새로운 무역협정으로 어려움에 처할 다른 산업을 전환하는 데 좋은 모델이 될 수 있다.

정부는 현재의 위기를 기업 전환의 기회로 활용해야 한다. 만약 정부가 전환의 방향을 제시하지 못한다면, 노동자와 그 가족들, 노동조합과 시민운동이 제안해야 한다. 비전을 가진 대중운동이 정치인들을 각성시키고 정부를 움직이게 할 수 있다. 기후 변화 시대의

• 나오미 클라인, 《이것이 모든 것을 바꾼다》, 열린책들, 2016, 183~184쪽.

대중운동은 그런 점에서 임금 문제를 넘어서 생존 문제를 다루는 고귀한 운동으로 발전할 수 있다. 대중운동은 진화할 수 있고, 또 진화해야 한다.

앞으로 공짜 탄소는 없다

수많은 기후회의를 경험한 최재철 기후 변화 대사는 파리 협약 이후의 전망에 대해 한마디로 "앞으로 공짜 탄소는 없다"라고 선언했다. 그렇다. 앞으로는 공짜 탄소가 없다. 2013년부터 세계은행이 펼치는 기후 변화 전략을 요약하면 이렇다. '세계은행은 그동안 기후 변화에 대한 전략적 접근을 하지 못했다. 그래서 성과가 없었다. 세계은행은 성과를 위해 단 하나의 전략에 집중할 것이다. 그것은 탄소에 가격을 부과하는 것이다.'

이후 2014년 9월 유엔 총회에서는 세계은행과 유엔이 직접 탄소에 가격을 매기는 전략을 제시했다. 당시에 74개 국가 정상과 1000개 대기업이 서명을 하게 된다. 탄소세와 탄소 배출권은 현재 대표적인 탄소 가격 제도다.

세계는 이미 온실가스와의 전쟁에 돌입했다. 온실가스 감축은 모든 나라가 공동으로 풀어야 할 숙제다. 미국과 유럽 국가들은 온실가스 감축 준비가 비교적 잘되어 있어서 손해 볼 게 없다는 자신감이 있다. 일본 또한 교토의정서가 자국에서 발표된 후 기후 변화와 청정에너지 개발에 관심을 가지고 차근차근 준비해왔다. 선진국들은 이처럼 잘 준비되어 있다. 온실가스 배출이 많은 공장은 인도와 방글라데시, 미얀마 같은 개발도상국이나 최빈국으로 이전하는 방식으로 말이다.

하지만 한국은 온실가스에 대해 준비되어 있지 않다. 이대로 가다가는 한국 경제가 큰 위기에 직면할 것이다. 지금 한국 사회가 온실가스 저감 현실에 대비해서 해야 할 가장 중요한 일은, 산업의 주요 에너지원을 전환하는 것이다.

우리나라에서 온실가스를 가장 많이 내뿜는 곳이 발전소다. 석탄화력발전소에서 배출되는 온실가스가 전체 온실가스의 45퍼센트 이상을 차지한다. 그러므로 석탄화력 중심의 산업에서 청정에너지원을 기반으로 하는 산업으로 바꿔야 한다. 적당히 일부만 해서는 소용이 없고 대규모로 이루어져야 한다. 늦었지만 지금이라도 준비하지 않으면 경제가 한순간에 무너질 수 있다.

발전소뿐 아니라 기존의 에너지를 사용하는 모든 산업을 새로 재편해야 한다. 재편의 핵심은 에너지원을 바꾸는 것이다. 조선업, 철강업처럼 석탄 에너지 사용이 많은 산업은 경쟁력이 떨어질 수밖에 없다. 또한 같은 물건을 만들더라도 앞으로는 탄소 배출이 적은 새로운 에너지원을 개발하지 않으면 살아남을 수 없다. 한마디로 화력발전을 태양열, 풍력 등 청정에너지로 바꾸기 위한 전환이 필요하다.

그런데 우리 정부는 석탄화력발전소를 2029년까지 20기나 더 짓겠다고 발표했다. 세계 흐름과는 정반대로 가고 있는 것이다. 화력 발전소 하나 건설하는 데 수조 원이 들어간다. 그런데 온실가스 감축을 위한 노력은 하지 않고 있다. 국제사회에 온실가스를 줄이겠다고 약속해놓고는 온실가스의 주범인 석탄화력발전소를 짓는 나라를 국제사회가 과연 신뢰할 수 있을까? 화력발전소 20기가 더 지어지는 것을 막지 못하면 한국의 온실가스 저감은 거의 불가능해 보인다.

그렇다면 여기서 질문이 하나 더 생긴다. 만일 우리가 온실가스 감축 약속을 못 지키면 어떻게 될까? 온실가스 감축은 이제 다자간협약이 아니라 국가와 국가 간의 계약이 되고 있다. 따라서 안 지키면 신뢰만 잃는 것이 아니라 실질적인 비용을 치러야 한다. 온실가스 감축 요구를 거부하는 순간, 선진국으로부터 무역보복이 들어와서 국경세인 탄소세를 지불해야 하고, 심하면 무역 제재를 당할 수 있다. 이런 상황에서는 화력발전소가 순식간에 고철 덩어리가 될 가능성이 크다. 앞으로 달라질 경제 환경을 예측하고 거기에 맞게 산업을 전환해야 하는데, 우리 정부는 석탄화력발전소 건설을 결정했다. 석탄화력발전소 건설을 예정대로 추진하겠다는 것이다. 그러나 국제사회의 압력에 의해 석탄화력발전소를 건설 중에 중단해야 하는 상황이 벌어질 수도 있다.

에너지원의 전환은 다양한 부문에서 변화를 가져올 것이다. 미국 실리콘밸리에서는 이미 많은 IT기업이 청정에너지로 전환했다. 구글, 페이스북, 애플, 테슬라, 마이크로소프트 등의 IT기업은 청정에너지를 사용하고 있고, 앞으로 2020년까지 85퍼센트 이상을 청정 에너지로 전환하겠다고 선언했다. 그런데 KT, SKT, LG, 네이버, 다음 등 한국의 대표적인 IT기업이 사용하는 청정에너지는 모두 합쳐도 0.1퍼센트가 되지 않는다. 머지않아 한국에서 만드는 IT제품도 에너지원을 조사하게 될 텐데, 지금처럼 화석연료를 사용해서는 세계무대에서 경쟁하기 어렵다. 모든 상품의 에너지원을 바꾸는 일이 절실하다. 국내에서 생산하는 라면 하나만 해도 지금과 같이 석탄 화력발전에 의존하는 생산 시스템으로는 국제사회에서 경쟁이 안 된다.

세계 경제는 변화하고 있고, 변화의 핵심에는 지구 온난화와 온실가스 감축이라는 키워드가 있다. 이런 변화를 외면하고 준비하지 않으면 한꺼번에 많은 것을 잃을 수 있다. 기후 변화로 인한 재난과 무역전쟁으로 인한 경제적 어려움, 이 두 가지를 모두 이겨내기 위해 가장 필요한 것은 온실가스를 줄이기 위한 노력이다.

탄소 순환과 탄소 배출권 제한

인간이 아무것도 하지 않아도 자연은 매년 600억 톤 이상의 이산화탄소를 만들어 낸다. 이산화탄소는 식물의 밥이다. 나무와 풀은 이산화탄소를 흡수하고 산소를 내보낸다. 지난 42만 년 동안의 탄소 순환 과정을 과학자들이 조사하여 확인한 결과, 지구의 이산화탄소 양이 더 늘어나지는 않았다. 그런데 현재 공기 중 이산화탄소의 수치는 그동안의 평균치인 250ppm에서 400ppm으로 증가했다. 이것은 200만 년 만에 처음이라고 한다. 산업화 이후 석탄, 석유, 천연가스 등 지하에 수억 년 동안 매장되어 있던 탄소를 너무 빨리 방출했기 때문이다. 과학자들은 이것을 탄소 순환에서 '인간의 방해'라고 정의한다. 지금처럼 온난화가 급격히 진행되면 자연이 탄소를 흡수할 수 있는 양을 초과하게 된다.

2005년 이후 인간은 매년 300억 톤 이상 이산화탄소를 대기 중에 방출하고 있다. 이것도 자연이 흡수한다. 바다와 숲, 초원이 흡수하는 이산화탄소의 양은 매년 60억 톤가량이다. 그러면 240억 톤의 이산화탄소는 어디로 갈까? 이산화탄소는 지구 중력의 작용으로 우주로 날아가지 못하고 떠다니다가 대기 중에 쌓이게 되는데 이것을 '온실가스'라고 부른다. 햇빛이 지구로 내려오면 우주로 반사되어 나가는데, 온실가스 때문에 햇빛이 나가지 못하고 지구에 갇혀버린다. 그래서 지구가 점점 뜨거워지는 것이다. 추운 겨울 비닐하우스 안이 따뜻한 것과 같다고 해서 '그린하우스 효과'라고 한다. 이렇게 해서 일본에 떨어진 원자폭탄 4000개에 맞먹는 에너지가 매일 지구에 갇히게 된다.

이렇게 쌓인 온실가스가 매년 300억 톤에 이른다. 청계천에 하루 동안 흐르는 물이 6만 5000톤인데, 이 물이 1280년 동안 흐르는 양이 300억 톤이다. 이것이 인류가 단 1년 사이에 발생시키는 온실가스의 양이다.

매년 이산화탄소가 대기에 축적되면서 폭염, 사나워진 폭풍, 변덕스러운 강우 같은 이상 기후 현상이 나타나고 있다. 지금과 같은 추세에서 대기 속 이산화탄소 양이 200~600ppm 정도만 더 증가하면 더 끔찍하고 강력한 기후 변화 양상이 나타날 것이라고 기상학자들은 경고한다. 인류는 매년 300억 톤 넘게 이산화탄소를 발생시키고 있고, 자연이 흡수할 수 있는 이산화탄소 양이 60억 톤이라고 할 때, 인류는 지금보다 이산화탄소를 80퍼센트 줄여야 한다.

온실가스의 주범인 화석연료 사용을 줄이기 위해 각 나라는 여러 가지 방안을 실시하고 있다. 유럽연합 28개국의 1만 2000개 기업은 온실가스 규제와 배출권 거래를 적용받고 있다. 또 오스트레일리아, 미국, 뉴질랜드, 일본 같은 선진국만이 아니라 중국, 인도, 대만, 멕시코, 칠레 등 개발도상국에서도 탄소세 또는 배출권 거래제를 국가 단위 혹은 지역적 단위로 실시하고 있다. 이런 추세로 간다면 조만간 무역 거래에서 모든 상품에 온실가스 이력제•를 적용할 가능성이 높다. 이와 함께 온실가스를 저감하지 않은 상품에 대해 관세를 부과하는 문제가 부각될 것이다. 바야흐로 새로운 무역 장벽의 큰 축은 탄소세가 될 것이다.

• 선진국들은 수입하는 상품의 생산과 이동 과정에서 발생한 온실가스가 기준치를 초과하거나 온실가스를 줄이지 않을 경우에 관세를 부과할 수 있도록 법과 제도를 마련하고 있다.

탄소세로 달라지는 것

    지금 세계 경제 상황을 보면 탄소세 적용이 생각보다 앞당겨질 수도 있을 듯하다. 탄소 가격제를 대표하는 탄소세는 모든 나라에 똑같이 적용하는 것이 아니라 국가 간에 물건을 거래하는 과정에서 적용될 것이고, 국경세 성격을 띠게 될 것이다. 탄소 배출을 줄이지 못하면 돈을 내야 한다. 그러므로 탄소를 줄일 수 있는 생산 과정과 원료를 선택하는 것이 중요해진다. 결국 탄소 배출이 많은 산업은 도태되고, 탄소 배출이 적은 업종이 새롭게 부상할 것이다. 우리 경제와 무역도 곧 이런 변화의 영향권 안으로 들어가게 될 것이다.

    한국은 파리 총회에서 2030년까지 온실가스 배출 전망치(BAU)● 를 37퍼센트 줄이겠다고 약속했다. 그전에 각국이 제출한 온실가스 감축안을 제대로 이행하고 있는지 확인하는 중간 점검이 2023 년에 있을 예정이다. 이 중간 점검이 어쩌면 더 큰 전환점이 될 수도 있다. 전 세계 나라가 2015년 유엔에 제출한 자발적 감축안에 따르면 기온 상승 폭은 2.7~3.5도다. 그렇게 되면 지구는 온난화로 인한 파국을 피할 수 없다.

    따라서 2023년 중간 점검 자리에서 지구 평균 기온 상승을 2도 이내로 억제하기 위한 강력한 감축안이 결정되리라고 본다. 이때 한

● 평소처럼 그대로 두었을 때 발생하는 온실가스 배출량. 특별한 조치 없이 공장이 계속 돌아가고, 자동차가 증가하고, 전기 사용량이 많아지는 등의 증가세를 계산했을 때 전망되는 온실가스 배출량을 말한다. 2030년 한국의 BAU는 8억 6000만 톤으로 예측된다.

국은 40퍼센트 이상 줄이라는 강한 압박을 받을 가능성이 높다. 한국은 그런 요구를 받아들일 수 있을까? 지금처럼 석탄에 의존하는 방식으로는 37퍼센트 줄이기도 어렵다. 하루빨리 석탄화력발전 사업을 비롯한 기존의 에너지원을 전면적으로 개편하지 않으면 우리가 한 약속을 지킬 수 없게 된다.

우리에게 온실가스를 줄인다는 것은, 화석연료를 기반으로 한 산업시설과 발전소의 3분의 1 이상이 문을 닫아야 하는 상황이 될 수 있다. 또 자동차를 포함한 수출업계도 이산화탄소 배출량을 획기적으로 낮추지 않으면 유럽연합이나 일본의 거부로 수출이 막히게 된다. 결국 자의건 타의건 산업구조의 대대적인 조정이 불가피하고, 그러면 지금까지 우리 경제의 큰 부분을 차지하던 화력발전소와 전력회사, 국내 최고의 자동차 회사, 굴뚝산업으로 분류되는 많은 기업이 하루아침에 문을 닫게 될 것이다. 그 회사를 다니던 직장인들, 하청업체와 관련 기업의 직원들은 실업자가 된다는 이야기다. 재산이 있는 사람들은 이런 상황에서도 얼마 동안 버틸 수 있을 것이다. 하지만 직장인은 월급이 나오지 않으면 몇 달도 버티기 어렵다. 이처럼 탄소세가 적용될 경우 우리 경제에 미치는 영향을 계산하고 어떻게 해결해나갈지 청사진을 제시해야 하는데, 아직까지는 깜깜무소식이다.

현재 우리나라 석탄화력발전소의 규모는 2016년 기준 36기가와트로 전체 전력의 33퍼센트 이상을 담당하고 있다. 2029년까지 18기가와트 규모의 석탄화력발전소를 더 짓겠다고 한다. 온실가스를 줄일 계획은 어디에도 없고 오히려 늘리겠다는 계획이다. 정부의 이런 결정에 대해 혹자는 '지금처럼 에너지 소비가 급속도로 증가하는 상황에서는 어쩔 수 없는 거 아닌가' 하고 생각할지도 모르겠다. 그런데 정말 석탄화력 외에 다른 대안은 없는 걸까?

이철용 에너지경제연구원 연구위원은 "2020년이 되면 보조금을 빼고도 신재생에너지의 발전 단가가 화석연료의 발전 단가와 같아질 것으로 예상된다"라고 말했다. 태양광 기업인 한화큐셀은 이렇게 분석한다. 유럽, 미국 등 선진국의 경우 2014년을 기준으로 킬로와트당 발전 생산 단가를 비교해보면 석탄은 60원, 가스는 70원, 원자력은 120원인 데 비해 태양광은 140원이다. 그렇지만 2020년에는 석탄과 가스는 80원, 원자력은 130원인 데 비해 태양광은 80원, 풍력은 70원까지 떨어져 에너지 가격의 역전이 일어날 것이다.

스탠퍼드 도시환경공학과 마크 야콥슨(Mark Z. Jacobson) 교수 연구팀이 2015년에 발표한 보고에 따르면, 풍력이 화력이나 원자력 단가보다 싸다. 이 연구에 따르면 미국에서 1킬로와트당 생산 원가를 비교해보니 풍력은 6센트, 가스터빈을 돌려서 만드는 화력은 6~8센트, 원자력은 20센트였다. 이런 연구 결과를 볼 때 풍력이나 태양광은 원자력이나 화력에 비해 생산 비용이 지속적으로 감소한다는 것을 알 수 있다. 야콥슨 교수팀은 청정에너지가 효율적인 에너지일 뿐 아니라 대기오염이 줄어 전 세계 400만~700만 명의 조기 사망을 예방하는 효과가 있을 것이라고 내다봤다. 경제적으로는 전 세계 GDP의 3퍼센트가 상승하리라는 결론을 내렸다.

미국에서는 건물에 풍력과 태양광 설치가 가능하게 되면서 실제로 에너지원을 바꾸는 사람들이 많아졌다. 미국의 자연조건이 청정에너지에 유리한 환경이라서 가능한 것 아니냐는 의견도 있지만, 핵심은 환경적 조건이 아니다. 미국이 일사량이 많아 태양광에 유리한 것은 맞지만, 일사량이 적은 독일과 영국도 태양광으로 많이 바꾸고 있다. 독일은 이미 전체 에너지의 28퍼센트를 태양광과 풍력이 담당하고 있으며, 지금도 계속 늘려나가는 중이다. 독일은 원자력발전소도 완전히 폐기했다. 독일이나 영국의 사례를 보면 태양광으로의 전환에서 일사량의 많고 적음은 핵심적인 문제가 아니라는 것을 알 수 있다.

영국과 독일은 일사량이 아주 적은데도 불구하고 왜 풍력이나 태양광으로 전환하고 있는 걸까? 가장 큰 이유는 2020년이 지나면 석탄화력발전소가 중단될 가능성이 높기 때문이다. 앞으로 석탄화력발전은 가격 면에서도 전혀 경쟁력이 없다. 원자력도 마찬가지다. 시간이 갈수록 비용 부담이 커질 것이다.

현재 한국은 석탄화력발전을 줄이지 않고 있다. 더구나 원자력에 대한 의존도를 높여가려고 한다. 과연 이것이 효율적인지 시민사회가 제대로 검증해볼 수도 없다. 원자력 에너지 비용에 대한 자료가 보안 사항이라며 공개하지 않고 있기 때문이다. 공동체와 개인이 에너지 공급자이자 소비자가 되는 에너지 민주주의 시대가 오고 있다. 이런 시대를 대비하여 발전 비용과 자료를 공개하여 시민들이 에너지를 선택할 권리를 가져야 한다. 에너지에 대한 시민의 권리를 확보하는 에너지 민주주의를 실현하는 데 있어서 원자력 에너지도 예외가 될 수 없다.

기후 변화 시대에 기업은 살아남기 위해서라도 온실가스를 줄여야 한다. 한 조사에 따르면, 온실가스 감축 노력에 동참하는 전 세계 기업 가운데 유럽에 등록된 기업만 1만 3000개인데, 이 중 한국 기업은 7개에 불과하다고 한다. 이것이 기후 변화 시대를 살아가는 우리 기업의 현주소다. 기업과 자본은 이익을 따라 움직이는 속성이 있다. 하지만 멀리 내다보지 못하고 눈앞의 이익만 챙기다가 큰 것을 놓치는 어리석음을 범해서는 안 된다.

기업을 믿어도 될까

전기자동차를 타면 다 해결된다고?

········

몇 년 전만 해도 전기자동차는 공상과학 영화에 나오는 물건, 혹은 한정된 지역에서 천천히 달리는 장난감 같은 자동차 정도로 생각했다. 내연기관 자동차가 엄청난 온실가스를 배출하는데도 쉽게 포기할 수 없었던 것은, 전기자동차가 짧은 주행거리와 에너지 충전 문제를 해결하기가 쉽지 않다고 여겼기 때문이다.

그런데 이런 예상을 뒤엎고 2012년 한 번 충전에 470킬로미터를 달릴 수 있는 전기자동차가 등장했다. 그리고 2016년에는 한 번에 350킬로미터를 주행할 수 있는 3000만 원대의 전기자동차가 출시

되어 사전 예약으로 40만 대가 팔려나갔다. 이 자동차를 만든 테슬라 모터스의 CEO 엘론 머스크(Elon Musk)는 이렇게 말했다.

"테슬라는 단순한 자동차 제조회사가 아닙니다. 에너지 혁신 기업입니다."

이처럼 기업의 민첩한 움직임을 보면서 은근히 희망을 갖게 되는 것도 사실이다. 청정에너지 연구에 기업의 신기술을 활용하면 기후 문제를 해결할 수 있지 않을까? 기업의 돈과 기술이 화석연료에서 청정에너지로 관심을 돌리기 시작했다는 점이 그런 기대를 더 부추긴다. 게다가 할리우드 마블히어로 영화의 대표주자인 〈아이언맨〉의 모델이 바로 엘론 머스크 회장이라는 말이 있지 않은가.

그렇다면 청정에너지는 기후 변화라는 난치병의 백신이 될 수 있을까? 기후 변화의 주범은 온실가스이고 온실가스는 대부분 석탄에서 비롯된다고 할 때, 청정에너지를 사용하면 기후 문제의 많은 부분을 해결할 수 있으므로 맞는 말일 것도 같다.

하지만 아무리 성능이 좋고 오염이 적어도 가격이 비싸서 많은 사람이 쓸 수 없다면 기후 변화 문제를 해결할 수 없다. 그런데 기업은 이 일도 해냈다. 지금 미국에서는 3000달러만 있으면 반영구적으로 쓸 수 있는 가정용 '태양광 에너지 저장 장치(Energy Storage System: ESS)'를 살 수 있다. 더 놀라운 사실은 5년 후에는 가격이 절반으로 떨어지고 품질은 더 향상된 제품이 생산될 전망이라는 것이다. 이 에너지 저장 장치 20억 대만 있으면 전 인류가 사용할 만큼의 에너지를 생산할 수 있다. 이 정도면 기후 변화의 백신이 틀림없다고 볼 수도 있다. 머지않은 미래에 휴대전화 가격 정도로 각 가정에 반영구적으로 쓸 수 있는 태양광 에너지 저장 장치를 설치할 수 있다니 말이다. 각 가정에 태양광 에너지 저장 장치만 사다놓으면 송전탑도, 원자력발전소도, 전력회사도 필요 없게 된다. 집집마다 에너지 저장 장치를 갖게 되면 전기자동차의 상용화도 더욱 쉬워진다. 그러면 내연기관 자동차가 빠르게 사라질 것이다.

기후 변화가 가져올 고통스러운 결과를 잘 알기에, 청정에너지의 눈부신 발전은 너무나 반가운 소식이다. 이 같은 놀라운 성과에 열광하며 박수를 쳐주고 싶기도 할 것이다. 하지만 한 가지 의문이 든다. 청정에너지의 선두주자인 테슬라의 엘론 머스크 회장은 "기후 변화 시대를 어떻게 이겨낼 것인가?"라는 질문에 이렇게 대답했다.

"우리 회사 제품을 사서 쓰세요."

그의 말대로라면 너무 쉬운 일이다. 그런데 정말로 우리 집에 태양광 에너지 저장 장치를 갖다놓고 직접 전기를 생산해서 쓰면, 그리고 전기자동차를 타고 다니면 기후 변화 문제가 해결될까?

듣는 이의 가슴을 설레게 하는 장밋빛 전망에도 불구하고 태양광 에너지 저장 장치가 대중화되기까지는 시간이 걸린다. 지금 진행되는 상황으로 보면 2030년쯤에나 가능하리라고 본다. 어쩌면 2050년이 될지도 모른다. 2030년이나 2050년이면 화석연료 사용이 제로에 가까워질 수도 있다. 하지만 그전에 지구 기온의 상승 폭이 3도까지 될 가능성이 더 높다. 또 전기자동차와 에너지 저장 장치를 대규모로 생산하기 위해서는 다량의 화석에너지에 의존해야 한다.

결국 장밋빛 전망을 실현하기 위해 다량의 온실가스가 지구를 뒤덮을 것이다. 극단적인 기후 변화와 사막화, 수십억 명의 환경 난민을 양산한 다음에야 우리는 사막화된 지구에서 전기자동차를 운전하게 될 것이다.

빌 게이츠는 지구를 구할 수 있을까

2016년 11월 13일, 모로코에서 제22차 유엔 기후 변화 총회가 열리고 있을 때였다. 이날 빌 게이츠는 기후 변화를 해결하는 과학 기술에 10억 달러를 투자하겠다는 야심찬 계획을 발표했다. 빌 게이츠는 이 사업에 알리바바 창업자 마윈, 아마존 창업자 제프 베조스 등이 참여할 것이라고 말했다. 빌 게이츠가 주도하는 투자회사의 이름을 번역하면 '돌파구를 찾는 에너지 벤처(Breakthrough Energy Venture: BEV)'다. 과학의 힘으로 기후 변화를 해결하려는 노력에 막대한 돈을 투자하겠다는 것이다. 그들이 투자하려는 분야는, 적은 비용으로 단기간에 지구 온도를 낮추거나 대기 중에 있는 온실가스를 제거하는 지구공학(지오엔지니어링)이다.

비행기나 헬륨 풍선에 긴 호스를 매달아 지구 성층권에 다량의 황산 에어로졸을 분사해 햇빛을 차단하는 방안이 영국 왕립학회에서 검토되고 있다. 또한 바다에 다량의 철을 투입해 식물성 플랑크톤을 만들어내서 대기의 이산화탄소를 흡수하자는 방안도 있다. 이 아이디어는 2012년 '지구공학계의 악당'으로 불리는 미국의 사업가 러스 조지(Russ George)가 캐나다 브리티시컬럼비아 해안에 100만 톤의 황산철을 쏟아부으면서 언론을 통해 세상에 널리 알려졌다. 그의 활약으로 인해 바다에 철을 투입하는 이 사업이 상업성 있는 프로젝트라고 알려지기도 했다. 이외에도 사막에 흰 천을 덮어 햇빛을 우주로 보내거나, 공기 중의 탄소를 한데 모아 땅속이나 심해 동굴 속에 가둬놓자는 방안이 연구되고 있다. 지구공학을 제창하는 그룹은 과학자, 발명가, 자본가로 구성되어 있는데, 이들은 지구공학이 화석연료에서 청정에너지로 전환하는 방법보다 비용도 덜 들고 더 효과적이라고 주장한다. 이들은 "비용이 적게 들고 간단한 해법을 선호하는 사람들에게는 더할 나위 없이 좋은 선택"이라고 일관되게 주장하고 있다.

세계 최고 부자로 알려진 빌 게이츠는 지구공학의 대표적인 후원자다. 그는 몇몇 과학자들에게 500만 달러 이상의 연구 자금을 제공했다고 한다. 이처럼 그는 돈이 될 만한 사업에는 적극적으로 투자하고 있다. 예를 들면 하버드 대학 데이비드 키스 박사는 대기 중 탄소를 흡수하는 장치를 개발하여 빌 게이츠로부터 극찬을 받았다. 현재 빌 게이츠는 데이비드 키스가 세운 카본 엔지니어링이라는 회사에 투자자로 참여하고 있다. 카본 엔지니어링은 대기 중 이산화탄소를 포집하고 가공해서 탄소 함량이 휘발유의 3분의 1 이하인 연료를 개발하는 연구를 진행하고 있다. 지금은 데이비드 키스가 만든 거대한 실험 장치로 하루에 겨우 1톤의 이산화탄소를 포집하는 정도다. 만일 이 연구가 성공한다면 데이비드 키스만이 아니라 빌 게이츠도 큰돈을 벌게 될 것이다.

이런 소식을 들으면 공학기술이 시장성도 있고, 기후 변화 위기를 해결해줄 것 같다. 그래서 기후 변화에 대한 시원한 해답을 찾지 못하고 있던 기후변화정부간협의체(IPCC)도 2014년에 발간한 제5차 종합보고서를 통해 지구공학의 잠재력을 인정하기 시작했다. 심지어 공개 연구를 검토할 수 있음을 시사했다. 이렇게 되자 지구공학이 기후 변화에 대한 대안으로 떠오르고 있다.

그런데 지구공학에는 충격적인 사실이 숨어 있다. 2014년에 개봉한 영화 〈인터스텔라〉 첫 장면에 지구공학에 대한 이야기가 나온다. 지구에 기후 변화가 일어나자 지구 온도를 낮추겠다면서 과학자들이 지구 성층권에 황 에어로졸을 분사한다. 이게 잘못되어 지구 생태계가 완전히 망가지게 된다. 옥수수 외에는 식량 생산이 중단된다.

이 영화에는 거대한 모래폭풍이 발생하는 장면이 수시로 나오는데, 이는 인류의 종말을 암시한다. 그래서 인간은 지구와 같이 사람이 살 수 있는 행성을 찾으려 한다. 〈인터스텔라〉가 전하는 이야기는 지구공학의 핵심적인 문제를 단 몇 줄로 압축한 것이다.

지구공학이란 신이 지구를 창조한 것처럼 인간이 지구의 대기와 해양, 생태계를 기계로 재구성하자는 것이다. 물론 이때 신의 역할은 '지구공학 패거리'로 불리는 과학자, 발명가, 기업가들이 맡는다. 성층권에 황 에어로졸을 분사할 경우 그 결과는 아무도 장담할 수 없다. 지구공학적 시도는 상상할 수 없을 정도로 위험한 결과를 초래할 수 있다. 황 에어로졸 분사 연구의 중심에 있는 영국 왕립학회도 이 사실을 인정하고 있다.

2011년 3월 영국 왕립학회가 주최한 지구공학 세미나에서 한 지구공학자는 이렇게 밝혔다. "성층권에 에어로졸을 뿌리기 시작하면 미국, 캐나다, 유럽의 강우량은 변화가 없지만 아시아, 아프리카, 적도 지역은 심각한 가뭄을 겪을 것이다."

컴퓨터 시뮬레이션을 통한 연구에 따르면 아시아, 아프리카, 적도 아마존에서는 우기가 짧아지고 일부 지역에는 비가 한 방울도 오지 않는다. 1년에 곡식을 한 톨도 생산하지 못하는 지역도 있다. 그 지역에는 수십억 인구가 거주하고 있다. 지구공학 그룹은 '무해성을 입증할 증거가 있다'고 주장하지만, 실상은 수십억 인구를 실험용 모르모트로 여기는 무모한 시도다. 신을 대신한 소수 엘리트와 사업가가 기계로 조작하려는 지구의 모습은 이렇다.

'온실가스는 계속 증가하여 대기에 쌓이고, 바다는 산성화되어 생명체가 멸종해가고, 대기는 오염되어 맑은 하늘을 볼 수 없다. 따라서 일조량이 적어 식물도 자라기 힘들고 태양광도 쓸모없게 된다.'

만일 지구공학 기술이 미국과 유럽, 캐나다 등에 불리하게 적용된다고 했다면 유명한 기업가들이 투자 결정을 내릴 수 있을까? 국제기구인 IPCC가 검토한다고 했을까?

바다에 다량의 철을 투입해서 식물성 플랑크톤을 양산해서 대기의 이산화탄소를 흡수하자는 아이디어의 경우, 식물성 플랑크톤이 너무 많이 생기면 바다는 녹조 현상으로 썩게 된다. 대기 중의 이산화탄소를 포집해서 땅속에 묻거나 심해의 동굴에 가두자는 것도 위험한 발상이다. 지진이나 지형 변화로 인해 저장된 고압의 탄소가 폭발할 가능성이 상존하기 때문이다. 지구공학에 투자하고 있는 기업인과 과학자들은 성공만 주장하지 그 시도의 위험성에 대해서는 말하지 않는다. 즉 수십억 명의 희생과 다른 생명체의 멸종에 대해서는 외면하고 있다. 이러한 위험천만한 실험을 허용해서는 안 된다.

빌 게이츠를 비롯한 전 세계 갑부들이 기후 변화 문제 해결에 관심을 가지고 기꺼이 투자하겠다고 나선 점은 고무적이다. 그러나 그들의 숨은 저의를 들여다보면 생각이 달라진다. 이들에게 투자 기준은 단 하나다. 바로 상업성이다. 즉 돈 되는 아이디어에만 투자하겠다는 것이다. 이들은 기후 변화를 돈벌이 수단으로 선택한 것이나 다름없다. 결국 지구공학도 이 범위에서 벗어나지 못한 발상이다.

엘론 머스크가 이끄는 전기자동차도, 빌 게이츠가 돈을 대는 지구공학도 결국 인간이 지속적으로 더 많은 에너지를 쓰자는 것이다. 기존의 에너지에 대한 접근 방식을 결코 포기할 수 없다는 것이다. 그래서 문제가 생기면 전기자동차와 에너지 저장 장치, 지구공학이 해결해줄 것이라는 위험한 믿음을 주면서 말이다.

인류는 지금 에너지 중독에 빠져 있다. 일단 에너지 사용에 길들여지면 점점 더 많은 에너지를 사용하게 된다. 그런 점에서 에너지는 한번 중독되면 더 많이 찾게 되는 마약과 비슷하다. 에너지 중독에 빠진 인류가 기존의 생활방식과 사고방식을 바꾸지 않고 기후 변화 문제를 해결할 수 있을까? 청정에너지와 지구공학이라는 백신 한 방으로 지구가 다시 건강해질 수 있다면 좋겠지만, 실제로는 그렇게 되기 어려울 듯하다. 지금의 사고방식과 생활방식을 바꾸지 않고는 기후 변화 문제도 풀 수 없다. 기후 변화를 해결하기 위해서는 인류가 진화해야 한다.

기술에 대한 환상

수많은 사람의 생명을 위협하는 전염병이 돌면 백신을 애타게 찾게 된다. 백신이 병을 깨끗이 치료해주리라고 믿기 때문이다. 그러나 지구상에 등장한 지 오래된 전염병 중에도 백신 개발에 실패하여 퇴치하지 못하는 병이 있다. 매년 말라리아로 죽는 사람이 60만 명에 이르지만 퇴치는커녕 지구 온난화로 인해 말라리아 발생 지역이 더 확대되고 있다. 또 서아프리카에서 발생한 에볼라 바이러스도 많은 사망자를 냈지만 아직 백신이 개발되지 않았다.

그런데 만일 에볼라가 미국이나 유럽, 중국 같은 나라에서 발생했다면? 아마도 막대한 돈과 인재를 투입하여 치료제 개발에 박차를 가했을 것이다. 사실 백신 개발은 결코 쉬운 일이 아니다. 좋은 약을 얻기까지 엄청난 투자를 해야 한다. 백신 하나 개발하는 데 적어도 1조 원 이상이 들어간다고 한다. 그렇기 때문에 제약회사는 연구비를 회수할 만큼 상업적 이득이 있는 경우에만 백신을 개발한다. 하지만 아프리카 사람들은 병에 걸려도 병원에 가거나 백신을 구입할 돈이 없다. 이것이 에볼라 백신이 개발되지 않은 가장 큰 이유다.

생명을 위협하는 치명적인 질병이 가난한 나라에서 발생하면 돈이 안 되기 때문에 선뜻 백신 개발에 나서지 않는다. 그러나 유럽이나 미국처럼 잘사는 나라에서 발생하면 곧장 개발에 들어간다. 이것은 제약회사 연구원이나 의료진 개인의 도덕성에 문제가 있어서가 아니라 질병을 상업적으로만 바라보기 때문이다.

이런 점에서 청정에너지와 지구공학은 백신과 비슷하다. 기업이 기후 변화 문제에 관심을 갖는 것은 돈을 벌기 위해서지 문제를 해결하기 위해서가 아니다. 그들은 사실 기후 변화로 인한 사람들의 고통에는 전혀 관심이 없다. 기후 변화로 인해 가난한 사람들과 어린이, 여성들이 어떤 고통을 겪는지는 아무 관심이 없다. 아프리카에 진출한 다국적기업들을 보라. 사막화가 진행되는 나라에 진출하여 가장 좋은 땅을 차지해서 돈벌이에만 전념한다. 그들은 현지 주민들의 배고픔에는 관심이 없다.

기업은 아프리카에도 태양광 에너지가 들어가게 하겠다고 약속하지만, 그곳에 사는 사람들의 삶에 관심이 있는지는 알 수 없다. 지금도 가난한 나라의 여성, 어린이, 노인, 장애인은 에너지가 너무나 부족하다. 누구보다 태양광 에너지가 절실한 오지 주민들은 그것을 살 돈이 없기 때문에 주요 고객이 되지 못한다. 그러면 누가 제3세계 오지 주민들을 위해 태양광 에너지 설비를 제공해줄까?

기후 변화로 더 이상 지구에서 살 수 없게 되면 화성으로 떠나자고 선전하며 새로운 시장을 개척하는 기업도 있다. 지금 화성은 인간이 살 수 없는 곳이지만, 과학기술을 통해 살 만한 공간으로 만들겠다고 한다. 실제로 엘론 머스크의 '스페이스X'라는 회사에서는 화성 개척 사업이 진행 중이다. 화성을 인간이 살 수 있는 곳으로 만드는 비용에 비하면 지구를 살리는 비용은 1000분의 1, 아니 1만 분의 1도 안 된다. 우주여행을 하자거나 기후 변화에 대비하여 화성을 개척하자고 하면 투자자들이 솔깃해서 지갑을 열 것이다. 하지만 지구를 살리자는 주장은 상업적 가치가 없기 때문에 관심을 보이지 않는다. 자본주의 관점으로는 기후 변화 문제를 해결할 수 없다.

발 빠르게 움직이는 기업의 속내

테슬라의 전기자동차가 아니더라도 내연기관에 의존하는 자동차는 생각보다 빨리 자취를 감추게 될 전망이다. 자동차 산업으로 유명한 독일도 새로운 준비를 하고 있는 듯하다.

얼마 전 독일을 대표하는 자동차 회사인 폴크스바겐이 연비와 배출가스 양을 조작한 사실이 드러나면서 독일 자동차를 신뢰하는 많은 사람에게 충격과 배신감을 안겨주었다. 그동안 폴크스바겐은 '세계에서 가장 연비가 좋고 배출가스가 적은 차'라고 선전해왔고, 소비자들도 그렇게 믿었다. 만일 이 사건이 우리나라 자동차 회사에서 발생했다면 문을 닫았을 것이다. 타격이 워낙 크기도 하고, 위기를 이겨낼 대안도 없었을 테니 말이다. 그러나 폴크스바겐은 공장 문을 닫지 않았다. 대신 전혀 다른 길을 선택했다.

자동차 업계에서는 이즈음 차세대 자동차에 관한 논의가 몇 갈래로 진행되고 있었다. 하나는 전 세계 자동차 시장의 99퍼센트를 차지하는 내연기관 자동차에 관한 것이다. 당시 온실가스 배출량이 제로인 내연기관을 개발할 수 있는가 하는 논쟁이 뜨거웠는데, 가능하다는 의견이 논쟁을 주도하고 있었다. 일본의 도요타가 대표적인 기업인데, 이들은 '전기자동차 필요 없다. 내연기관 자동차로도 온실가스 문제를 해결할 수 있다'고 주장했다. 두 번째는 천연가스에서 수소만 따로 뽑아내서 수소자동차를 만들려는 움직임이었다. 세 번째는 청정에너지를 이용한 전기자동차인데, 가장 주목도가 낮았다.

이런 상황에서 온실가스를 가장 적게 배출한다고 알려진 폴크스바겐이 그동안 거짓말을 했다는 사실이 드러난 것이다. 이 일로 사람들은 폴크스바겐만이 아니라 내연기관 자동차를 만드는 모든 기업을 의심하게 되었다. 내연기관의 효율성을 높여서 온실가스를 감축하고 배기가스를 제로로 만들겠다는 주장을 믿을 수 없게 된 것이다. 대신에 청정에너지를 이용한 전기자동차의 가능성이 크게 부각되었다.

폴크스바겐은 내연기관 자동차 생산을 중단하고 전기자동차를 만들겠다고 발표했다. 내연기관 자동차를 고집하던 도요타마저

2050년까지 내연기관 자동차 생산을 완전히 중단하겠다는 계획을 발표했다. 2040년까지 내연기관 제로 자동차를 만들어내고, 10년 후인 2050년에 신개념의 자동차 회사로 탈바꿈하겠다는 것이다. 폴크스바겐처럼 거대한 조직과 생산 시스템을 갖춘 세계적인 자동차 회사가 이렇게 신속하게 내연기관 자동차를 포기할 수 있었던 것은, 그동안 준비를 해왔기에 가능한 일이다. 기후 변화로 인한 세계 경제의 변화, 내연기관 자동차 시장의 전망, 청정에너지에 대한 계산 등은 물론이고, 신개념 자동차에 대한 연구와 개발이 어느 정도 진행되지 않았다면 아무리 위기 상황이라 해도 그처럼 빨리 기업의 방향을 전환하기는 어려울 것이다.

지금의 상황을 보면 청정에너지 시대가 예상보다 훨씬 빨리 올 것 같다. 머지않은 미래에 닥칠 그날을 위해 선진국은 지금 준비 중이다. 기업만이 아니라 국가 차원에서도 나서고 있다. 청정에너지 연구에 대한 지원을 늘리고, 온실가스 주범인 화력발전소를 줄이고 있다. 온실가스를 배출하는 공장은 가난한 나라로 이전하고, 국경을 넘어오는 온실가스에 대한 대응 전략도 마련하고 있다. 대부분 자기 나라만 생각하는 이기적인 판단이지만, 기후 변화 문제를 준비하고 있는 것만은 분명하다.

그중에서도 독일은 매우 단호하게 에너지 정책을 펴나가고 있다. 독일 정부가 원자력발전소를 폐기한 데는 2011년 일본 후쿠시마 원자력발전소 사건의 영향이 컸다. 만일 독일에서 그런 사고가 발생하면 발전소를 폐기해야 하는데, 그 비용을 계산했더니 5조 달러가 나왔다. 독일의 1년 GDP인 4조 8000억 원과 맞먹는 비용이다. 잘못하면 국가가 파산할 수도 있다는 판단 아래 원자력발전소를 전면 폐기하기로 결정했다. 그 후 독일은 에너지의 28퍼센트를 청정에너지로 전환했고, 전기자동차에 대한 연구와 투자를 대폭 늘렸다.

자동차만이 아니라 온실가스 저감을 위한 국제사회 전반의 시스템이 예상보다 빠르게 자리 잡을 전망이다. 우리가 어리둥절해 있는 사이에 온실가스 이력제, 탄소세 등이 국제사회에서 상용화될 수도 있다. 달라진 환경을 상업적으로 이용하려는 정부와 기업, 그리고 이를 준비해온 사람들에게는 더 많은 부를 쌓는 기회가 될 것이다. 물론 지구촌에 사는 사람들 중 지불 능력이 있고 준비된 20퍼센트 안에서 누릴 자유겠지만 말이다.

기후 변화는 많은 것을 바꿔놓을 것이다. 준비되지 않고 지불 능력이 없는 80퍼센트 이상의 사람들은 이러한 변화에 어떻게 적응해야 할까? 지금부터 그 이야기를 하고자 한다.

4장

///////////

마을이
지구를 살린다

///////////

지구상에 하나밖에 없는 마을 모델의 탄생

에볼라를 퇴치한 작은 마을의 기적

2014년 서아프리카를 강타한 에볼라는 전 세계를 공포에 떨게 했다. 에볼라가 처음 발견된 1970년대 이후 인류는 이미 여러 차례 에볼라 발병을 경험했으나 2014년의 상황은 그 어느 때보다 심각했다. 그 이전에는 2000년 우간다에서 425명이 감염되어 그중 224명이 사망한 것이 가장 큰 피해로 알려졌다. 그런데 2014년에는 감염자가 5000명, 사망자는 2500명을 넘어섰다. 게다가 그해 3월 기니에서 처음 발생한 이후 불과 며칠 만에 라이베리아, 시에라리온 등 국경을 넘어 확산되는 조짐을 보였다. 이처럼 에볼라는 어느 때보다 많은 피해를 남기기는 했지만 결국 소강상태로 접어들었다.

사람들은 백신만 있으면 에볼라를 해결할 수 있다고 생각했다. 그러나 에볼라 바이러스가 출현한 지 이미 40년이 넘었지만, 백신은 아직까지 개발되지 않고 있다. 백신을 구입할 능력이 없는 가난한 지역에서 발병했기 때문이기도 하지만, 만약 백신이 개발되어 수만 상자가 보급되었다고 해도 에볼라를 해결할 수 없었을 것이다. 발병 지역에 백신을 사용할 수 있는 인프라가 구축되지 않았기 때문이다. 백신은 냉장 보관이 필수인데, 전기가 들어오지 않는 곳이 많고, 전기가 들어와도 백신을 보관할 냉장고가 없는 경우가 허다하다. 그러면 어떻게 에볼라를 물리칠 수 있었을까?

에볼라 환자가 늘고 있던 2014년 12월, 세계보건기구(WHO)는 특이한 현상을 발견했다. 라이베리아의 로파타운이라는 작은 마을에서는 에볼라가 8주째 발생하지 않고 있었다. 주변 지역은 에볼라 감염자가 계속 늘고 있는 상황이었는데 말이다. 그 지역에 무슨 일이 있는지 알아보기 위해 세계보건기구 조사단이 파견되었다.

로파타운에는 9주 전 국경 없는 의사회 소속 피터 클라멘트라는 의사가 주변의 반대를 무릅쓰고 들어와 있었다. 그 의사는 먼저 주민들의 행동과 생활습관을 관찰했다.

그가 주목한 것은 서아프리카의 독특한 장례 풍습이었다. 이 지역에서는 사람이 죽으면 친척들이 모여서 죽은 사람의 몸을 깨끗이 씻기고 입을 맞추면서 영원한 작별을 고하는 의식이 있었다. 에볼라는 환자의 체액을 통해서 감염되기 때문에 맨손으로 시체를 씻기고 입 맞추는 것은 에볼라 바이러스에 날개를 달아주는 격이었다. 질병의 확산을 막기 위해서는 이런 풍습을 바꾸어야 했다.

또 하나는 질병에 관한 주민들의 선입견을 바꾸는 것이었다. 주민들은 에볼라를 질병이 아닌 재앙 혹은 정부의 음모라고 생각했다. 그리고 외부인들 때문에 주민들이 죽어간다고 생각해서 외부인에 대한 적대감이 컸다. 이 같은 잘못된 정보는 질병의 예방과 치료에 큰 걸림돌이 되고 있었다.

피터 클라멘트는 먼저 마을 촌장을 찾아갔다. 설득 끝에 그는 주민들을 교육할 수 있었다. 에볼라는 재앙이 아니라 질병이라는 사실을 알리고, 손 씻기, 사람이 많이 모이는 곳에서 주의할 사항 등 생활습관을 교육했다. 일방적으로 한두 번 교육하고 끝내지 않고 커뮤니티 안에서 주민들이 스스로 역량을 개발하도록 했다. 또 장례를 치를 전문가를 양성하여 사람이 죽으면 가족 대신에 전문 장의사가 장례를 주도하게 했다. 그 결과 로파타운에서는 8주째에볼라가 한 건도 발생하지 않았다. 이 사례에 주목한 세계보건기구는 에볼라 해결에 힘써온 국제기구와 NGO, 의사와 자원봉사자들에게 이를 알렸다. 그 후 다른 지역에서도 이 같은 방식을 적용하자 발병률이 대폭 감소했으며, 6개월 후에는 에볼라 환자가 더 이상 발생하지 않았다.

로파타운의 에볼라 퇴치 과정을 정리하면서 세계보건기구는 '커뮤니티의 승리'라는 결론을 내렸다. 한 마을을 에볼라로부터 지켜낸 것은 백신이라는 신약이 아니라 커뮤니티라는 것이 알려지면서 국제사회는 커뮤니티의 중요성을 새롭게 인식하게 되었다.

나는 기후 변화 문제도 에볼라 바이러스와 같다고 본다. 기후 변화 백신을 만들려면 많은 돈이 들어간다. 현재 태양광 저장 장치 하나 구입하는 데 300만 원 정도가 들어가니 고급 에어컨 가격과 비슷하다. 이 정도면 우리나라를 비롯하여 선진국에 사는 사람들은 대부분 구입하려 할 것이다. 가정에서 사용할 전기 용량은 5킬로와트면 충분한데, 이 저장 장치로 7킬로와트를 생산할 수 있으므로, 나머지 2킬로와트는 전기자동차 연료로 쓰면 된다. 한 가정에서 300만 원을 투자하여 필요한 에너지를 생산할 수 있다면, 지구의 미래로 보나 소비자 입장에서나 괜찮은 편이다.

그러나 개발도상국이나 최빈국 사람들도 그렇게 생각할까? 지구 전체 가구 중 300만 원짜리 기계를 집에 들여놓을 수 있는 가정은 많지 않다. 가뜩이나 에너지 접근이 어려운 사람들에게는 꿈도 꿀 수 없을 만큼 큰돈이다. 에너지 저장 장치를 비롯하여 기후 변화의 백신이 될 만한 신제품은 정말로 좋고 필요하지만, 대중화되기까지는 많은 시간이 걸릴 것이다. 더군다나 공공의 필요보다 이익이 발생하는 곳에 투자하고자 하는 자본의 속성을 생각하면, 그날은 쉽게 오지 않을 것이다.

그렇다고 신기술 혜택을 더 많은 사람이 누릴 수 있는 그날이 오기까지 마냥 기다리기만 할 수는 없다. 에볼라를 물리친 아프리카 작은 마을의 기적은 다른 지역에서도 실현될 수 있다. 백신이 없다고 탓하지 않고 지역 공동체 속에서 해결 방법을 찾아낸 것처럼, 기후 변화 문제의 해법도 어쩌면 공동체 속에 숨어 있는지 모른다.

기후 변화 문제를 해결할 새로운 '백신'을 발견하다

온실가스의 주범인 이산화탄소를 처리하는 가장 강력하고 확실한 방법은 나무를 심는 것이다. 특히 맹렬하게 성장해야 하는 어린 숲일수록 왕성하게 탄소를 흡수한다. 그래서 많은 나라와 국제기구가 기후 문제를 해결하기 위해 나무 심는 일을 최우선 사업으로 벌여왔다.

유엔도 2012년부터 '생명의 토지상'을 제정하여 바람직한 기후 변화 대응 모델을 개발한 정부나 민간단체, 개인에게 상을 수여하고 있다. 2014년 사막화 방지 분야의 노벨상이라 불리는 생명의 토지상은 뜻밖에도 푸른아시아가 수상했다. 나무 많이 심기로는 중국, 인도, 이스라엘 같은 나라를 따라잡을 수 없는데 말이다. 사실 생명의 토지상을 가장 받고 싶어한 것은 중국 정부였다. 중국은 이스라엘과 함께 국가 차원의 가뭄 대책을 마련하고 있는 매우 드문 나라로서 국토 침식과 홍수를 막기 위해 1990년대부터 매년 수만 제곱킬로미터의 숲을 조성해왔다. 그 결과 중국의 인공 숲은 남북한을 합친 면적보다 넓다고 한다. 2013년에는 인도가 서울 전체 면적의 3.5배나 되는 20만 헥타르에 나무를 심고 숲을 만든 공로를 인정받아 이 상을 수상했다.

당시 푸른아시아가 몽골에서 나무를 심은 면적은 모두 합쳐서 여의도의 1.5배인 450헥타르에 불과했다. 국가 차원에서 이루어지는 거대한 식목 사업에 비하면 작은 NGO인 푸른아시아가 심은 나무와 숲의 규모는 정말 보잘것없었다. 그런데 유엔은 왜 푸른아시아를 주목했고, 수상의 영예까지 안겨주었을까?

푸른아시아가 조성한 450헥타르에 이르는 숲은 단순히 나무가 서 있는 땅이 아니다. 그 땅에는 초속 20~46미터의 모래폭풍이 불고 물이 사라지고 다량의 식물이 멸종하고 있었다. 아울러 많은 가축이 죽고 다수의 환경 난민이 발생하고 있었다. 이 땅에 주민들은 과일나무와 농작물을 심고 새로운 삶의 터전을 마련했다. 나무를 심어 숲이 생기자 자연히 모래폭풍이 사라졌고, 도시에서 환경 난민으로 살던 주민들이 돌아오기 시작했다. 그곳에서 주민 약 1000명은 새로운 기술을 배우고, 공동체를 만들어 사막화된 땅을 숲으로 바꿔 나가고 있다.

빙하기가 끝나고 인류가 농업과 유목을 시작한 이래 처음으로 접하게 된 지구 온난화와 사막화, 슈퍼태풍 같은 심각한 기후 변화는 모두를 혼란에 빠뜨렸다. 1만 년 동안 현생인류가 지금껏 만나본 적도, 그래서 풀어본 적도 없는 문제였기에 이전과는 다른 새로운 모델이 필요하다는 문제의식을 갖게 되었다. 유엔은 각국 정부와 유엔 기구에 기후 변화를 해결할 새로운 모델을 찾아줄 것을 요청했고, 76개 나라가 모델을 추천했다. 이 가운데 몽골 정부와 몽골의 유엔개발계획(UNDP)이 공동으로 몽골에서 만들어가고 있던 푸른아시아 모델을 추천했다.

유엔은 기후 변화와 사막화로 땅만 망가지는 게 아니라 그곳에 사는 사람들의 삶도 무너진다는 사실에 주목했다. 그래서 사막화로 난민이 된 사람들이 자립을 하고 생태를 복원한 사례를 찾고자 했다. 이 모델이 실제로 존재한다면 기후 문제 해결에 새로운 돌파구가 되리라고 기대했던 것이다.

"우리 심사위원들은 만장일치로 푸른아시아 모델을 최고상으로 결정했다. 사막화가 진행 중인 160개국에 이 모델을 권고할 것이다. 먼 변방에서 탄생한 이 놀라운 모델에 주목해야 하는 특별한 이유가 있다. 첫째, 혜택이 다양하다. 둘째, 공유하기가 쉽다. 셋째, 에코투어로 국제 협력을 실행했다."

유엔은 푸른아시아를 생명의 토지상 수상자로 선정한 이유를 이렇게 밝혔다. 나무를 몇 그루 심었고, 숲을 얼마나 많이 조성했는지는 한마디도 언급하지 않았다. 대신 이 땅에 사는 구성원과 공동체가 함께 혜택을 누린 사실에 주목했다. 푸른아시아는 15년 동안 몽골에 나무만 심어준 게 아니다. 그동안 6개 지역에서 2800여 명이 참여해서 전문성 훈련을 받으며 함께 숲을 만들어왔다. 그 혜택은 마을 주민들과 자원봉사자 1만 4000명에게 돌아갔다. 우리는 나무 45만 그루를 심었다. 이것만으로도 이 지역에서 모래폭풍이 사라졌다. 과일나무도 심고 농사도 지어 주민들은 소득을 올릴 수 있었고, 스스로 공동체를 꾸려 마을 공동기금을 조성했다.

푸른아시아 모델은 나무를 심고 숲을 조성하여 생태를 복원할

뿐만 아니라 그 땅에 살던 사람들의 삶, 사람과 자연의 관계도 함께 복원하려고 한다. 인간과 자연의 관계가 회복되면, 기후 변화와 사막화 문제도 해결할 수 있다. 하지만 땅만 살려놓으면 지속적인 발전을 기대하기 어렵다.

그런 점에서 에코 투어도 중요하다. 몽골에 극심한 사막화가 진행 중이지만 외국인은 말할 것도 없고 몽골 도시에 거주하는 젊은 이들도 이런 상황을 잘 모른다. 현실을 제대로 알려야 한다는 생각에서 에코 투어를 진행했고, 많은 사람이 몽골의 사막화 현장을 체험하고 돌아갔다. 사막화 현장에 오지 않았다면 죽을 때까지 몰랐을 문제를 그곳에서 보고 느꼈을 것이다. 또한 이 체험은 기후 문제 해결을 위한 국제적 협력, 네트워크를 만드는 토대가 되었다.

이 새로운 모델에서는 국제적 연대, 다른 지역 사람들과의 네트워크가 매우 중요하다. 기후 문제는 한 지역만의 문제가 아니라 인접 국가를 비롯한 모두의 문제이며, 서로 힘을 모으지 않고서는 해결할 수 없기 때문이다.

푸른아시아의 공동체 모델은 처음부터 완성된 형태가 아니었다. 활동가들과 주민들이 시행착오를 거듭하면서 만들었다. 지금도 변화를 거듭하며 발전해나가는 중이다. 지구상에 단 하나밖에 없는 공동체 모델이며 유엔이 주목하고 세계은행이 가치를 인정한 푸른아시아 모델의 출발과 발전, 변화의 이야기를 지금부터 하려고 한다.

나무를 심어
세상을 구하는 방법

나무만 심어서는 안 된다

우리는 몽골 하면 유목민이 말을 타고 푸른 초원 위를 달리는 풍경을 떠올린다. TV 속 여행 프로그램에서도 그런 모습을 비춰주지만, 몽골의 현재 모습과는 거리가 멀다.

2000년 우리가 처음으로 몽골을 찾았을 때, 이미 사막화로 누런 모래만 자욱했다. 거리에는 아침부터 술에 취해 돌아다니는 사람이 많았다. 1991년 사회주의 체제가 무너지면서 몽골은 아무 준비 없이 시장경제를 받아들여야 했고 실업자들이 거리와 마을에 넘쳐났다. 경제적 혼란에 극심한 기후 변화까지 덮쳐 사람들은 어찌할 바를 몰랐다. 실업률이 50퍼센트를 넘었고 현실의 고통을 잊기 위해 많은 사람이 술에 취해 살았다. 상상 이상으로 몽골의 상황은 좋지 않았다.

사막화 방지에는 나무가 최고라고 함께 간 일본 전문가들과 NGO 활동가들이 조언했다. 그 조언에 따라 무작정 나무를 심기 시작했다. 오로지 사막화를 멈추고 초지를 복원하겠다는 일념으로 나무 심기에 매달렸다. 그렇게 3년 동안 일본 NGO와 우리가 함께 심은 나무는 1만 그루쯤 되었다.

하지만 결과는 참담했다. 숲을 이루기는커녕 살아남은 나무가 드물었다. 공들여 심은 보람도 없이 나무는 거의 죽고 말았다. 무엇이 문제인지 고민하던 중에 놀라운 광경을 목격했다. 조림지 주변에 가축이 넘어오지 못하게 방책을 쳐놓았는데, 한 아주머니가 양과 염소들을 끌고 와서는 방책 안으로 한 마리씩 들여보냈다. 가축은 방책 안에 있는 나뭇잎과 풀을 열심히 뜯어먹었다. 그제야 우리가 사막화 방지를 한 것이 아니라 가축 먹이를 공급해왔다는 것을 깨달았다.

몽골 사람들에게 나무는 불필요한 것이었다. 가축이 나무 밑으로 숨으면 찾기 어렵기 때문에 유목민은 나무가 보이면 무조건 잘라낸다. 유목민에게 나무는 잘라야 할 대상이고 물은 신성한 대상이다. 때문에 불이 나도 몽골에서는 절대로 물을 부어 불을 끄지 않는다. 우리는 그런 지역 주민들의 실상을 제대로 이해하지 못했던 것이다. 그동안 표현은 하지 않았지만, 쓸모없는 나무를 심는다고 신성하

고 아까운 물을 쓰는 외국인들이 얼마나 한심해 보였을까. 그들의
양식이고 주 수입원인 양과 소가 먹지 못해 죽어가는데 울타리 안
에 있는 싱싱한 나뭇잎과 풀을 어찌 그대로 보고만 있겠는가. 주민
들의 실상을 이해하지 못했으니 3년간의 노력이 물거품이 된 것은
당연지사였다.

나무는 사람의 발자국 소리를 좋아한다

....

우리가 두 번째 실험을 한 곳은 몽골의 수도 울란바토르에서 동
쪽으로 150킬로미터 떨어진 곳에 있는 바가노르였다. 바가노르는
몽골에서 가장 큰 노천 광산이 있는 도시로, 인구가 2만 5000명이
었다. 바가노르는 '작은 호수'라는 뜻인데 이름처럼 작은 호수가 많
았다. 그런데 몽골에 닥친 기후 변화와 사막화로 호수가 모두 사라
지면서 자연히 땅도 황폐화되어 모래땅으로 바뀌고 있었다.

2003년 바가노르 구청은 우리에게 30만 평의 땅을 무상으로 사
용할 수 있는 기회를 주었다. 여기에 나무 심는 공장을 만들자는
아이디어가 나왔다. 일자리가 없는 사람들에게 월급을 주고 나무를
심고 관리하는 일을 맡기자는 방안이었다. 푸른아시아와 바가노르
구청은 함께 기금을 마련했다. 40가구를 모집해서 가구당 몽골 노
동자의 평균 임금에 해당하는 월 5만 원을 주고 나무를 심고 관리
하게 했다.

나무는 아주 잘 자라서 어떤 해에는 95퍼센트의 생존율을 보이기도 했다. 나무를 키우려면 100미터 깊이로 우물을 파서 물을 끌어올려 쓰는 것이 보통인데, 우리는 돈이 없어서 우물도 파지 않았다. 그런데도 나무가 죽지 않고 자랐다. 나무를 심고 나서 "나무 한 그루가 죽어 없어지면 여러분의 월급이 사라집니다"라고 말했더니, 주민들은 기를 쓰고 나무를 살려냈다. 더 이상 무기력하게 술만 마시던 사람들이 아니었다. 동기부여만 해주면 죽어가는 나무도 살려내는 걸 보면서, 사람들 속에 있는 강인한 힘을 느꼈다.

게다가 바가노르에는 훌륭한 환경 교사가 있었다. 이 선생님의 지도로 바가노르 학생들 600명이 번갈아가면서 나무를 심는 현장에 견학을 왔다. 나무 관리의 핵심은 물을 주는 것인데, 학생들은 매일 학교 우물에서 길어온 물을 나무에게 주고 갔다. 학생들에게 자기 나무를 정하게 했더니 더욱 정성껏 돌보았다.

나무를 키우면서 알게 된 사실이 있다. 나무는 사람의 발자국 소리를 좋아한다는 것이다. 심어놓고 방치하면 어느새 죽어버리지만, 정성껏 돌봐주면 싱싱하게 자란다. 바가노르에서 보니 발자국 소리 중에서도 아이들의 발자국 소리를 좋아하는 것 같았다. 아이들이 물을 준 나무들이 유난히 잘 자라 튼튼하게 뿌리를 내렸다. 월급을 받는 40가구와 학생 600명이 참여하여 놀라운 성과를 이뤄냈다. 바가노르에서 나무를 키우면서 핵심은 '사람들의 참여'라는 사실을 다시 한 번 확인할 수 있었다.

새로운 고민이 생겼다. '우리도 언젠가는 이곳을 떠나야 하는데,

그 후에도 나무가 잘 자랄 수 있을까? 구청장이 바뀔 수도 있고 지원금이 중단될 수도 있는데, 그러면 나무를 심고 관리하는 일이 멈추지 않을까?' 월급을 주고 나무를 키우는 일은 무한정 지속되기 어렵다는 결론을 내렸다. 이 문제를 해결하는 방법은 결국 주민들의 자립이라고 생각했다.

마을이 살아나고, 환경 난민이 돌아오다

감자 한 알의 약속

2006년 10월 울란바토르에서 서쪽으로 180킬로미터 떨어진 바얀누르라는 지역을 방문하게 되었다. 바얀누르는 사막화의 최전선에 있는 지역으로 200~300미터나 되는 거대한 모래폭풍이 발생하곤 했다. 몽골은 면적이 156만 제곱킬로미터로 한반도의 일곱 배나된다. 원래 국토의 40퍼센트가 고비사막이었지만 서쪽과 동쪽으로사막화가 빠르게 진행되어 지금은 사막화된 땅이 78퍼센트에 이른다. 진행 중인 사막화를 막지 못하면 국토의 90퍼센트가 사막화할위기에 처한 상황이다. 처음 바얀누르에 갔을 때, 바싹 마른 땅에 풀

한 포기 없고 쥐들만 구멍이 숭숭 뚫린 땅을 들락날락하고 있었다.

바얀누르는 사회주의 시절에 '차차르간'이라는 과일나무 산지로 유명했다고 한다. 차차르간 열매는 몽골에서 신성한 과일로 여겨지는데 비타민이 사과보다 200배나 많아서 비타민 나무라고도 불린다. 바얀누르는 2002년에 갑작스러운 기후 변화로 인해 조드가 발생했다. 이틀 만에 눈이 30cm가 내려 바얀누르의 거대한 땅을 덮었다. 그리고 영하 50도의 혹한이 시작되었다. 20일간 지속된 혹한으로 인해 쌓여 있던 눈이 빙하처럼 단단하게 굳어버렸다. 전형적인 화이트조드가 발생한 것이다. 겨울 동안 땅 위에 남은 마른 풀과 땅속의 뿌리를 캐먹으며 연명해온 가축들은 빙하처럼 단단하게 굳은 눈을 하염없이 파다가 대부분 굶어 죽었다. 이렇게 대규모로 가축이 굶어 죽는 바람에 바얀누르에 거주하던 유목민 100가구 500여 명이 환경 난민 신세가 되었다. 땅이 사막화되고 사회주의 시절의 관리체계도 무너져서 차차르간 농장은 흔적도 남아 있지 않았다. 다행히 과일나무를 키워본 주민들이 남아 있었다. 이들과 함께 차차르간 나무를 심어보고 싶었다. 차차르간 나무를 시작으로 과일나무를 심어 수익을 창출하게 되면 자립 모델도 가능하다고 생각했다.

2007년 바얀누르에서 이미 사막화되어 황폐해진 땅을 구했다. 과일나무를 키워본 주민들의 경험을 살려 수익 사업을 해볼 참이었다. 처음에는 40헥타르(약 12만 평)를 확보하여 묘목을 키우고 농사를 지을 수 있는 양묘장과 영농단지를 만들기 시작했다. 모래먼지가 심한 지역이라 농사를 짓고 묘목을 키우려면 반드시 방풍림과 방사림이 필요하다는 점을 고려하여 설계했다. 아울러 가축이 들어가지 못하도록 울타리를 설치하고 울타리를 따라서 동서남북으로 200미터 두께로 방풍림을 심었다. 그리고 남은 공간에는 토양을 복원하면서 본격적으로 차차르간 나무와 농작물을 심기로 했다. 방풍림은 포플러, 버드나무, 비슬나무 등 다양하게 심어서 생태 복원 효과를 기대했다.

첫 번째 과제는 나무 심는 데 거부감을 느끼는 몽골 사람들을 설득하는 것이었다. 주민들에게 돌아갈 실질적인 이익을 제시해야 했다. 그리고 차차르간 나무를 심어서 묘목이 자라면 주민 조직이 관리를 맡아 1인당 300그루씩 관리하도록 했다. 더불어 방풍림이 모래바람을 막아주지 못하면 과일나무도 자랄 수 없기 때문에 나무를 돌보는 책임도 지도록 했다.

양묘장과 영농단지는 설계도대로 만들 수 있었지만, 사람 일은 생각대로 되지 않았다. 주민이 참여하고 주민이 소유하는 자립 모델을 만들겠다는 계획은 생각보다 훨씬 어려웠다. 차차르간을 키워본 경험도 있고, 이 나무를 심으면 돈도 벌 수 있으니 적극적으로 달려들 것이라 예상했는데 주민들은 시큰둥한 반응을 보였다. 답답한 노릇이었다. 현장 활동가들이 틈만 나면 주민들을 붙들고 열심히 설득했지만, 주민들은 움직이지 않았다.

환경 난민을 가까이에서 접하면서 이들에게는 내일이 없다는 것을 느꼈다. 오늘 당장 먹고살기도 힘든데 내일을 생각할 여유가 있을 리 없다. 주민들에게 왜 열심히 일하지 않느냐고 물었더니 대부분 이렇게 대답했다.

"양묘장 만들고, 나무 심고, 차차르간 심어서 뭐하게요. 여러 번 겪어봐서 아는데, 열심히 일해봤자 솜장(우리나라 군수에 해당하는 공무원 직급)이나 국회의원, 부자들이 다 빼앗아갈 겁니다. 당신 같은 외국 인들도 마찬가지고요."

주민들은 늘 힘 있는 자들에게 뺏기며 살아왔기 때문에 일해도 소용없다는 생각이 깊이 박혀 있었다. 그런 사람들에게 '이번만큼은 다를 것이다'라는 말은 통하지 않았다. 척박한 땅만큼이나 그들의 삶도 건조하게 메말라 있었다.

그래도 결실의 계절이 다가왔고 처음으로 감자를 수확했다. 씨감 자 1톤을 심었는데 3톤을 생산했다. 한국에서는 보통 열다섯 배를 수확하지만, 몽골은 땅이 척박한 데다 주민들이 일을 열심히 하지 않아서 수확량이 적었다. 나는 그날 수확한 감자를 앞에 쌓아두고 주민들에게 이렇게 약속했다.

"이 땅에서 일하지 않은 사람은 감자 한 알도 가져갈 수 없습니 다. 솜장이건 국회의원이건 그보다 더 높은 사람이 와도 안 됩니다. 감자 한 알이라도 누구에게 줄 것인지는 여러분이 스스로 결정해야 합니다."

사람들은 반신반의하는 눈빛으로 나를 바라보았다. 조금은 믿고 싶다는 바람이 묻어났다. 그들 마음속에 살짝 고개를 드는 '희망'을 느낄 수 있었다. 막연한 희망을 현실로 바꿀 시간이 온 것이다. 이 제 감자 3톤을 앞에 두고 본격적인 주민 교육을 시작했다. 교육의 핵심은 첫째가 '주민 참여', 둘째가 '주민 의사 결정'이었다.

"여기 여러분이 수확한 감자 3톤이 있습니다. 이 감자를 어떻게 할지 여러분이 결정하십시오. 저 땅에 내년에도 감자를 심을 것인지, 심는다면 씨감자로 얼마나 남겨야 할지를 정하세요. 그다음에는 겨울 양식으로 먹을 감자를 어떻게 나눌지 정해야 합니다. 마지막으로 일을 할 수 없는 노인, 장애인들도 챙겨야겠죠? 얼마만큼 나눌지는 여러분이 정하세요. 결정되는 대로 양동이에 담아두면 됩니다."

이렇게 말하고 나는 현지 활동가와 함께 1박 2일간 여행을 다녀왔다. 여행을 다녀와서 우리는 깜짝 놀랐다. 주민들이 감자 한 알도 사적으로 사용하지 않고 회의에서 정한 대로 양동이에 나눠 담아놓은 것이다. 30퍼센트는 씨감자, 50퍼센트는 겨울 양식으로 남겼는데, 정확하게 n분의 1로 나눈 다음 가족 수를 곱하여 배분해놓았다. 그리고 장애인과 노인들을 위해서 20퍼센트를 남겼는데, 어느 집에 보낼지 정해서 양동이에 담아놓았다. 나는 양동이에 담긴 감자를 가리키며 물었다.

"여기에서 감자 한 알이라도 힘 있는 자들이 가져갔습니까?"

"아닙니다."

"그러면 이것은 누구 겁니까?"

"우리 겁니다."

하룻밤 사이에 그들의 표정은 달라져 있었다. 자신들이 농사지은 수확물은 자신들 소유라는 것을 경험한 주민들은 신나게 농사짓고 나무를 돌보았다. 또 농장 일은 다른 사람이 아닌 자신들이 결정하고 책임져야 한다는 것을 알게 되었다.

"차차르간 나무에 열매가 열리지 않으면 누가 제일 손해일까요?"

"우리가 제일 손해죠."

"방풍림이 죽으면 농장은 어떻게 될까요?"

"차차르간 나무도 다 죽지요."

주민들은 어느덧 나무를 심는 일이 바로 자신들을 위한 일이라는 사실을 깨닫고 있었다. 점점 주인의식을 발휘하기 시작했다.

가장 민감한 사안인 물 사용 문제도 주민 회의를 열어 결정했다. 물이 많이 부족한 지역이라 종이컵 하나 분량의 물로 5인 가족이 아침 세수를 마쳐야 한다. 집마다 톡하고 치면 물이 한 방울 또르르 떨어지는 장치가 있는데, 여기에서 나온 물로 세수하고 아이를 씻긴다. 물이 없으니 아침 양치질은 생략한다. 목욕도 거의 안 하고 옷도 빨지 않는다. 그런데 양묘장, 조림지와 영농단지를 설계하면서 이 지역에 깊은 우물을 2개 파서 물이 잘 나오게 되었다. 이 물로 나무도 키우고 가정에서도 갖다 썼다. 이 물을 어떻게 이용하고 관리할지 주민들이 머리를 맞대고 규칙을 만들었다. 이런 경험을 하면서 주민들은 달라지기 시작했다.

공동체 안에서 농사짓고, 의견을 교환하고, 중요한 결정을 내리면서 사람들이 점점 똑똑해졌다. 열심히 방풍림을 조성하고 차차르간 나무를 가꾸었지만, 사막화된 땅이라 수확이 많지는 않았다. 보통 3년이 되면 한 나무에 5킬로그램이 생산되어야 하는데, 겨우 1.2킬로그램을 수확했다. 그래도 주민들은 최선을 다해 일했다. 점차 농장이 자리를 잡아갔다.

우리는 처음부터 농장의 모든 것은 개인 소유가 아니라 공동 소유라는 사실을 분명하게 합의했다. 개인이 공동체를 나가면 나무는 한 그루도 가져갈 수 없다. 주민의 공동 재산이기 때문이다. 주민은 수확물의 50퍼센트를 가져갈 수 있다. 처음 정한 규칙에 따라 수익과 배분이 정해졌다. 전체 생산물 가운데 30퍼센트는 미래를 위해 투자하고, 50퍼센트는 인원수대로 나누고, 나머지 20퍼센트는 주민 조직의 운영을 위해 사용하기로 했다. 이후에는 마을을 위해 기부도 할 것이라고 한다. 이 원칙은 이후에도 잘 지켜졌다.

또한 방풍림과 차차르간 나무로 숲이 조성되자 이 지역을 휩쓸고 다니던 모래폭풍이 거의 사라졌다. 급속도로 진행되던 사막화를 이 지역에서만큼은 막을 수 있었다. 2007년부터 우리가 활동해온 마을의 전체 면적이 1200헥타르이고 나무를 심은 땅은 120헥타르였다. 마을의 10분의 1에 나무를 심은 셈인데, 2012년 이후 마을을 휩쓸던 모래폭풍이 사라졌다. 숲을 하나 만들면 그 열 배가 복원된다는 것을 알 수 있었다. 바얀누르를 포함해서 몽골 6개 지역에 조림사업을 했는데, 모든 지역에서 똑같은 결과가 나타났다.

2013년부터 바얀누르에 사람들이 모여들기 시작했다. 바얀누르 출신으로 환경 난민이 되어 도시에서 떠돌다가 돌아온 사람이 700명이나 되었다. 1400명이었던 인구는 점점 불어나서 2000명이 넘었다. 울란바토르로 떠났지만 일자리도 없고 물가도 비싸서 도시 빈민으로 살아가던 사람들이 고향의 달라진 모습을 보고 돌아와 정착했다. 땅이 완전히 망가져서 가축들이 굶어 죽고 황폐하던 땅에 숲이 생기고 모래뿐이던 땅이 점토질의 땅으로 변한 것을 보고 다들 놀랐다. 우리도 나무의 힘이 이렇게까지 대단한지 처음으로 알게 되었다. 정말로 나무의 힘은 대단했다.

마을 공동체는 나무와 함께 성장 중

바얀누르에서는 나무를 심고 키우는 사람들과 공동체가 함께 성장했다. 만일 공동체 없이 생태만 복원되었다면 어떻게 되었을까? 2013년 우리는 이 질문에 대한 답을 얻을 수 있는 시험대에 들어갔다.

몽골은 모든 땅이 국가 소유여서 땅을 계속 쓰려면 지역 관청에 5년마다 연장 신청을 해야 한다. 우리가 쓰던 바얀누르의 땅도 기한이 되어 연장 신청을 하러 갔다. 당시 바얀누르 솜장이 바뀐 지 얼마 되지 않은 터라 서로 익숙하지 않았다. 황당하게도 그는 우리의 요구를 거부했다. 당시 바얀누르에 숲이 생기고 모래바람이 사라지면서 살기 좋다는 소문이 나자 돈 많은 사람들이 조림지 가까운 곳에 들어와 집을 짓고 살기 시작했다. 새 솜장은 푸르고 쾌적한 숲으로 바뀐 바얀누르 조림지를 빼앗아 사적인 용도로 이용하고 싶어했다.

솜장을 비롯한 지역 인사들과 3개월 동안 실랑이를 벌였으나 허사였다. 외국에서 온 NGO인 우리가 나무만 심었다면 아마도 지방 정부의 압력을 이기지 못하고 땅을 빼앗겼을 것이다. 하지만 그 땅에는 우리와 함께했던 40가구 160여 명의 주민들이 있었다. 주민들에게 상황을 설명했다.

"그동안 우리가 갈고닦은 것을 다 잃게 생겼습니다. 우리는 떠나면 그만이지만 여러분은 생계가 막막해집니다. 과거로 돌아가야 합니다. 어떻게 하면 좋겠습니까?"

그들은 몽골에서도 가장 힘없고 취약한 계층인 환경 난민이었다. 힘 있는 사람들이 위압적으로 나오자 주민들은 바짝 겁을 먹고 꼼짝도 하지 않았다. 그 상태로 6개월이 지났다. 여기저기서 불만의 목소리가 조금씩 튀어나왔다.

"땅은 나라 것이라 해도 차차르간 나무는 우리 거야."

"감자도 마찬가지야."

"원래 그 땅은 모래투성이였어. 흙을 기름지게 만든 것도 우리야. 그렇다면 흙도 우리 거지."

"우리 걸 이렇게 빼앗길 수는 없어."

주민들은 두려워하고 걱정하면서도 마지막 희망을 놓지 않았다. 다만 어떻게 해야 할지 방법을 모르니 도와달라고 했다. 지역 활동가들과 대화하면서 해결책을 찾고자 노력했다. 일주일 동안 고민한 끝에 주민들은 대안을 내놓았다.

"유목민 1000명이 모이는 큰 회의가 곧 열릴 예정인데, 거기에 가서 우리 사정을 설명하고 도움을 요청하겠습니다."

드디어 주민들이 용기를 냈다. 주민들은 이후 회의가 열리는 곳마다 찾아가서 사정을 알렸다. 그랬더니 서서히 주민들을 옹호하는 여론이 형성되고, 솜장을 비난하는 소리가 높아졌다. 솜장 탄핵 의견까지 등장하자, 당황한 솜장은 두 손 들고 다시 허가를 내주었다. 그 뒤로 주민들은 솜장을 만나도 기죽지 않고 잘못된 일을 큰 소리로 따질 수 있게 되었다. 자신들의 힘을 확인했기에 가능한 일이었다.

난민에서 마을의 주인으로

땅을 뺏길 뻔한 위기를 겪으면서 깨달은 사실이 있다. 하나는 사람을 배제한 채 생태 복원에만 매달리는 활동은 위험하다는 것이다. 또 하나는 진정한 의미의 협동조합이 필요하다는 것이다. 2007년 처음 시작할 때부터 낮은 단계라도 협동조합을 만들었더라면 주민들의 전문성을 키워 영향력이 더욱 커졌을 것이다. 그러면 예상치 못한 위기가 닥쳤을 때 조직 차원에서 정부에 지원 요청을 할 수도 있었을 것이다. 주민이 주인이 되는 협동조합을 만들려면 스스로 주인이라는 의식과 책임감이 있어야 한다. 그래서 책무성을 강조하는 교육을 중점적으로 하기 시작했다.

2012년 이후 푸른아시아 몽골 지부 활동가들에게는 한 가지 골칫거리가 있었다. 지각하거나 결근하는 주민, 또는 열심히 일하지 않는 주민을 어떻게 할 것인가였다. 이곳 사람들은 전날 술을 많이 마시면 다음 날 나오지 않는 습관이 있었다. 이틀씩 결근하는 일도 다반사였다. 억지로 불러내면 일하는 사람들 옆에서 태평하게 잠을 자기도 했다. 그 같은 행동은 열심히 일하는 사람들의 의욕을 떨어뜨리고 분위기를 해쳤다. 이런 문제를 제기하면 '불쌍한 사람들에게 너무 엄격한 잣대를 들이대는 거 아니냐'고 우려하는 활동가도 있었다. 특히 몽골 출신 활동가 중에 이렇게 생각하는 사람이 많았다.

우리가 몽골까지 온 이유는 '불쌍한' 몽골 사람들을 동정해서 도우려는 게 아니다. 우리도 기후 변화에 책임이 있기 때문이다. 나는 그 사실을 분명히 했다. 한국을 비롯한 선진국은 책임을 져야 하는 당사자이고, 주민들은 시혜의 대상이 아니라 함께 노력해야 하는 주체다. 이런 관계를 위해서는 주민들이 주인의식을 가지고 책임질 줄 알아야 한다. 이 원칙에 다들 공감하는 데 3년이 걸렸다. 워크숍과 토론을 하면서 활동가들 사이에 이견을 좁힐 수 있었다. 그리고 지금 가장 중요한 과제는 '취약 계층이 책무성을 갖게 하는 것'이라는 결론을 내렸다.

주민 회의를 소집하기로 했다. 리더십을 발휘해야 할 때가 있다면 바로 이 순간이라고 생각했다. 주민들에게 주인의식에 대해 설명하고 어떤 선택을 할 것인지 물었더니 모두 '주인이 되겠다'고 했다. 우리는 주인으로서 가져야 할 책임 있는 행동이 무엇인지, 결근과 지각 일수, 작업량에 대한 기준을 분명하고 구체적으로 정했다. 이 기준을 수용할지 말지는 주민들이 결정하도록 했다. 그 결과 받아들이는 쪽으로 결정이 났다. 주민들이 직접 나서면 싸움이 일어날 수도 있으므로, 가이드라인은 주민들이 정하더라도 칼자루는 내게 달라고 했다.

나는 주민 대표와 함께 주민들이 정한 가이드라인에 따라 주민들을 철저하게 평가했다. 그동안 열심히 일한 사람과 앞으로 개선의 여지가 있는 사람은 계속 함께 가기로 했다. 그러나 개선의 여지가 전혀 없다고 판단된 사람들은 공동체를 떠나게 했다. 처음 시작할 때 가장 높은 수준에서 정리해야 한다고 생각해서 매우 엄격하게 기준을 적용했다. 그 결과 40가구 중에서 20가구를 내보내고 20가구만 남았다. 빈자리는 새로 들어온 사람들이 채웠다. 기준이 명확하니 주민들도 동의했다.

주인의식 없는 공동체는 지속적으로 성장할 수 없다. 생태를 복원하고 사막화를 저지하더라도 스스로의 힘이 아니라 외부의 힘에 의존한 것이라면 지속되기 어렵다. 외부의 도움이 갑자기 중단될 수도 있고, 당사자가 아니면 해결할 수 없는 문제도 많기 때문이다. 주민들이 스스로 주인이 되는 협동조합은 공동체가 발전할 수 있는 최선의 형태라고 생각한다.

주민들이 스스로의 힘을 깨달았기에 협동조합을 시작할 수 있었다. 주민들이 자신의 힘을 자각하는 것은 매우 중요하다. 자신에 대한 믿음이 없으면 일을 추진할 수도 없고, 자신의 권리를 주장할 수도 없다. 우리는 모든 소유권을 가진 협동조합을 만들려고 하는데, 그러려면 주민들이 자신의 힘을 믿고 스스로 결정하고 책임질 수 있어야 한다.

지역 커뮤니티가 갈 길은 아직 멀다. 농사일은 더 전문적인 기술이 필요하고, 협동조합이 자리 잡기 위해서는 조직을 원활하게 이끌어갈 리더가 필요하다. 이러한 것은 자연발생적으로 만들어지기 어렵다. 주민들이 성장하도록 누군가가 이끌어주어야 한다. 그 일은 마치 묘목에 물을 주는 것과 같다. 작은 나무가 스스로 버틸 힘을 가질 때까지 물을 주고 가꾸는 정성이 필요하듯 지역 커뮤니티 역시 교육과 지원이 필요하다.

바얀누르의 모래땅에 나무와 풀이 자라고 있다. 몽골에서는 매우 귀한 수박도 수확할 수 있을 만큼 땅이 비옥해졌다. 나무를 심어서 달라진 것이 아니다. 사람을 심었기에 가능한 일이다. 주민들은 나무도 심고, 생태도 복원하고, 힘 있는 자들과 싸우면서 성장해왔다. 커뮤니티는 그 사람들이 거둔 가장 큰 결실이다.

마을의
힘은 위대하다

커뮤니티의 재발견

협동조합은 아직 완성되지 않았다. 대략 7부 능선쯤에 와 있다고 본다. 우리가 생각하는 협동조합은 ① 주민 참여, ② 주민의 의사 결정, ③ 주인의식의 3단계가 필요하다. 지금은 2단계에서 3단계로 도약하기 위해 노력하고 있다. 2012년 세계은행이 푸른아시아의 활동에 처음 주목했을 때는 6부 능선에 있었는데, 그때보다는 좀 더 발전했다고 생각한다. 주민이 직접 참여하여 일을 진행하는 1단계와 커뮤니티의 주요한 일을 스스로 결정하는 2단계까지 와 있는 상태다. 이제 주인으로서 모든 일에 책임을 가지고 권리를 행사하는 단계로 나아가고 있다. 방풍림, 비타민나무, 농장을 주민 조직이 직접 소유하는 협동조합이 모양새를 갖추어가는 중이다.

아직 3단계 초입에서 할 일이 많지만 어느 방향으로 가야 할지는 확실하다. 막바지 오르막길을 더 올라야 한다. 이렇게 전 세계에 하나밖에 없는 커뮤니티 모델을 완성해나가고 있다. 유엔 심사위원들이 만장일치로 푸른아시아에 최고상을 준 것은 커뮤니티가 기후 변화 문제를 해결하는 데 새로운 실마리가 된다고 보았기 때문일 것이다.

1만 년 전 지구상에 사는 인구가 800만 명에 불과할 때는 한 지역의 자원을 다 쓰고 나서 다른 곳으로 옮겨가면 되었다. 지금처럼 인구가 많은 상황에서는 이렇게 살 수 없다. 세계 72억 명의 인구가 옮겨갈 땅이 지구에는 없다. 지구를 버리고 다른 행성으로 가야 한다. 2014년 9월 뉴욕에서 개최된 유엔 총회와 기후행진(Climate March)에서 반기문 전 유엔 사무총장은 "Planet B는 없다(두 번째 지구는 없다)"라고 말했다.

커뮤니티는 우리가 선택할 수 있는 매우 소중한 대안이다. 기후 변화와 사막화가 일어나면 땅만 망가지는 게 아니라 마을이 붕괴된다. 기후 변화로 피해를 입은 사람들이 자기가 살던 땅을 떠나지 않고 생태를 복원시키고, 그곳에서 먹고살 수 있는 토대를 만들어야 한다. 이런 점에서 마을 공동체를 만들고 유지하는 일은 매우 중요하다. 마을을 지키는 일은 곧 사막화와 기후 변화를 막는 일이기도 하다.

여기서 중요한 점은, 유엔이 푸른아시아에 최고상을 줄 때 이 모델의 완성된 모습을 보고 결정하지 않았다는 것이다. 이론으로만 가능한 줄 알았던 커뮤니티 모델이 현실 속에서 실현되고 있다는 사실에 주목했고, 그 가능성에 상을 준 것이다. 특히 7부 능선까지 갔다는 것을 높게 평가했다. 현재 유엔은 사막화로 고통 받고 있는 160개 나라 21억 명에게 푸른아시아의 공동체 모델을 권고하고 있다. 실제로 이 모델은 작은 마을에서 작은 규모로 만들어졌고 그리 큰돈이 들어가는 것도 아니어서 많은 사람들에게 희망을 준다. 마을은 작지만 지구를 구하는 큰 힘이 될 수 있다.

몽골 마을 만들기 사업의 성공 비결

몽골 커뮤니티 모델의 성공 비결이 무엇인지 궁금해하는 사람이 많다. 우리의 커뮤니티가 올바른 방향을 잃지 않고 여기까지 올 수 있었던 것은 '기본'을 지켰기 때문이라고 생각한다.

지구 온난화와 기후 변화 문제를 더 이상 방치할 수 없다는 공감대가 국제사회에 형성되면서, 1992년에는 유엔 기후변화협약이, 1994년에는 유엔 사막화방지협약이 결정되었다. 하지만 이런 약속을 하고도 인류는 오랫동안 합의점을 찾지 못했다. 13년을 헤매다가 2007년 마드리드에서 유엔 사막화방지협약은 10개년 전략에 합의하게 된다. 기후 변화 시대를 맞이한 인류가 생존을 위해 나아가야 할 기본 전략인 셈이다.

10개년 전략에 제시된 네 가지 전략은 다음과 같다. ①피해 지역 주민의 생활조건 개선, ②피해 지역 생태계 조건 개선, ③기후 변화 협약과 생물다양성협약에 기여한다. ④국제적으로 협력해서 자원을 동원한다.

첫 번째 전략으로 생활조건 개선을 꼽은 것은 결국 '사람'이 가장 중요하기 때문이다. 생태계 개선은 그다음이다. 세 번째가 지구적 혜택으로 기후변화협약과 생물다양성협약에 기여한다는 것인데, 푸른아시아가 가꾼 숲도 그중 하나라고 할 수 있다. 주민 자립 모델이 만들어지면서 모래땅이 푸른 초원으로 바뀌었다. 과거 모래바람으로 인해 살아 있는 동물이라곤 쥐밖에 없었는데 지금은 뱀도 보이고 여우도 나타난다. 병충해도 늘었다. 생물다양성이 살아나고 있다는 증거다. 바얀누르 주민의 자립 모델은 이 네 가지 전략을 잘 충족했다고 본다.

또 하나 중요한 가이드라인이 SDG, 즉 지속 가능한 개발 목표다. 한마디로 요약하면, 환경과 경제와 사회 문제를 함께 풀어나가자는 것이다. 먹고사는 문제와 환경 난민 문제는 기후 변화와 따로 떼어 놓고 생각할 수 없다. 여기에서 중요한 세 가지 원칙이 주민 참여, 주민 의사 결정, 주민들의 책무성(주인의식)이다. 우리는 이 원리를 현장에서 실현하기 위해 힘겨운 싸움을 해야만 했다. 책무성이 없는 주민들을 온정주의로 대하는 것은 이 원칙에 어긋나며 결국 사업과 조직 전체를 망가뜨리는 요인이 될 수 있다. 주민들과 원칙을 공유했기에 많은 위기 속에서도 주민 공동체가 올바른 방향으로 나아 갈 수 있었다.

지구를 지키는 석관동 두산아파트

2015년 서울의 한 아파트 주민들이 벌인 에너지 절약 활동이 주 목을 받았다. 주민들은 에너지를 절약하여 관리비를 줄이고, 그 돈 으로 경비원들의 고용을 보장하고 임금을 19퍼센트나 인상했다. 당시 압구정동 모 아파트 경비원 분신사건으로 사회가 떠들썩했던 데다가 최저임금제 적용을 앞두고 아파트마다 경비원을 감축하던 시기였기에, 이 소식은 더욱 세간의 주목을 받았다.

화제의 주인공인 성북구 석관동 두산아파트는 2010년까지만 해 도 연간 1050만 킬로와트의 전기를 소비하고 한 해 동안 전기료로 약 15억 원을 납부했다. 이산화탄소 발생량을 계산하면 4464톤에 이르는 엄청난 양이다.

그런데 2009년 중앙난방에서 개별난방으로 바꾸는 과정에서 아 파트 주민들은 에너지 사용 문제를 인식하게 되었고, 때마침 새로 뽑힌 입주자대표회의 회장이 주도적으로 에너지 절감운동을 펼쳤 다. 덕분에 그 아파트는 얼마 지나지 않아 '사회 혁신'의 아이콘으로 떠올랐다.

2010년부터 지하주차장을 비롯한 승강기 내부 등 단지 내 가로

등을 LED로 교체했고 급수펌프를 고효율 장치로 교체하는 등 여러 가지 아이디어를 차근차근 실행에 옮겼다. 이렇게 해서 공용 전기료를 연간 2억 4000만 원 절약했으며, 시설투자비는 단 8개월 만에 회수되었다. 그 결과 관리비가 절감되었고, 주민들은 자신들이 에너지 절약을 통해 온실가스 감축에 기여하고 있다는 자부심을 가졌다. 게다가 절감된 돈으로 경비원들을 위한 '착한 일자리 만들기'를 전개했다. 그리하여 아파트 관리 운영의 롤모델이 되어주었으니, 이 또한 대한민국 서울이라는 사회 생태계에 큰 기여를 한 셈이다.

이처럼 숫자로 드러나는 성과보다 우리가 더 주목해야 할 부분은 보이지 않는 곳에 있었다. 25개 동 1998세대에 이르는 대규모 단지에서, 혁명과도 같은 대대적인 변화를 이끌어내기까지 전체 주민에게 모든 의사 결정 과정을 공개하고 주민들이 자율적으로 참여한 과정은 한 편의 드라마였다.

이 아파트 단지에는 주요 사안을 결정하는 동 대표 회의 과정이 각 가정으로 실시간 송출되는 시스템이 있었다. 물론 그 시간에 TV 앞에 앉아 한가롭게 아파트 회의를 지켜보는 사람은 거의 없을 터였다. 하지만 한두 명이라도 볼 것이라는 믿음으로 계속 방송을 송출했다.

그러던 어느 날 회의 중에 급하게 인터폰이 울렸다. TV 모니터를 통해 회의 과정을 지켜보던 주민이 의견을 전하기 위해서였다. 무려 총 1998세대가 모여 사는 곳이다 보니 주민들의 직업도 다양했을 것이다. 전기 전문가, 보일러 전문가, 방수 전문가 등등 여러 분야의 숨은 고수들이 있었다. 어떤 주민은 회의실까지 뛰어와서 장시간 조언을 하기도 했다. 이런 광경이 각 세대에 방송되었고, 자연스레 소문이 돌면서 회의 시청률이 조금씩 올라갔다. 회의 과정을 지켜보던 주민이 자발적으로 공동체를 운영하는 주체가 된 것이다. 관심 있는 주민들이 직접 발언을 하고 주민투표로 결정해서 이루어낸 에너지 절약과 온실가스 감축이야말로 커뮤니티의 힘이 아닌가 싶다.

이러한 노력에 힘입어 석관동 두산아파트 단지는 서울시로부터 에너지 자립 마을로 선정되었고, 2015년에는 대한민국 녹색기후상(우수상)을 수상했다.

이 모든 과정을 주도한 입주자대표회의 심재철 회장을 처음 만난 것도 바로 시상식 자리에서였다. 그는 두산아파트가 녹색기후상을 받게 된 과정을 설명하면서 "이쯤 되면 나도 시민운동가"라며 동의를 구하듯 좌중을 향해 물었다. 번듯한 직업이 따로 있는 아파트 입주자 대표에게, 세상을 바꾸는 일에 온 삶을 다 바쳐야 하는 시민운동가라는 이름을 붙일 수 있을까 사람들이 주저하는 사이, 나는 진심을 다해 "당신이야말로 진짜 시민운동가입니다"라고 큰 소리로 대답해주었다.

이 일은 심재철이라는 한 사람의 뛰어난 능력으로 이루어진 것이 아니다. 그는 단지 1998세대 주민들의 주인의식을 이끌어내서 에너지 소비를 줄이는 데 동참하도록 만드는 역할을 한 것이다. 그런 점에서 그는 사람을 바꾸는 사람이고, 커뮤니티를 바꾸는 사람이고, 세상을 바꾸는 사람이다. 결국 커뮤니티를 통해 지구를 지키는 사람인 것이다. 이러한 커뮤니티가 모이고 모여서 기후 변화 위기를 돌파해내리라 믿는다.

커뮤니티 간의 연결망이 시급하다

여기 나무 한 그루가 있다. 척박한 환경에 금방이라도 말라버릴 것처럼 아주 약한 나무다. 어느 날 그 옆에 다른 나무 한 그루가 들어섰다. 역시 작은 나무지만 의지도 되고 서로 모래바람도 막아주어 조금은 더 버틸 힘이 생겼다. 그러다가 또 한 그루, 또 한 그루가 들어서면서 작은 숲을 이루었다. 서로의 그늘과 영양분과 바람을 공유하면서, 어느덧 숲에는 나무뿐 아니라 풀도 자라나고 이름 모를 꽃도 피었다. 새가 찾아들고 풀벌레가 울기 시작했다. 그저 따로 따로 떨어져 있던 나무를 한곳에 모았을 뿐인데, 풀과 꽃과 새와 벌레들은 다 어디서 온 것일까?

사람의 관계도 이와 같다. 사람과 사람이 만나서 하나의 관계를 형성하면, 고립된 개인들의 합보다 더 커지는 플러스알파가 생겨난다. 더 나아가 커뮤니티와 커뮤니티가 만나고 국가와 국가가 만나서 더 큰 관계망을 만들면, 불가능해 보이던 문제도 해법을 찾을 수 있다. 그런 점에서 '지구를 지키는 커뮤니티'로서의 마을은 국경을 넘어 확장될 때 더 큰 의미가 있다. 기후 변화는 특정 지역이나 한 국가만의 일이 아니라 주변 국가들이 함께 책임지고 노력해야 하는 일이기 때문이다.

특히 최근 기후 변화로 인한 천재지변으로 신음하고 있는 아시아 지역에는 마을 단위의 작은 커뮤니티부터 국가 단위의 커뮤니티까지 관계망이 절실한 시점이다. 모든 사안에 대해 머리를 맞대어 함께 연구하고, 대안이 될 수 있는 모델은 서로 공유하면서, 하나의 거대한 숲처럼 영양분과 그늘과 바람을 공유하는 시스템을 만들어야 한다.

슈퍼태풍이나 지진, 사막화 같은 기후 재난이 발생할 때도 주변 국들 사이에 긴밀한 네트워크가 있으면 훨씬 효율적으로 대처할 수 있다. 현지 상황을 고려하지 않은 채 주고 싶은 구호품만 전달하는 구호가 주민의 삶을 더 피폐하게 만든다는 사실을 고려한다면, 재난 상황에 국제사회가 효과적으로 대처하기 위해서라도 아시아 지역의 네트워크는 꼭 필요하다.

이러한 관계망이 만들어진다면 대안적인 '공동체 모델'을 마련하는 데도 서로의 경험을 공유하고 지혜를 모을 수 있을 것이다. 2015년 몽골에서 카자흐스탄, 우즈베키스탄, 키르기스스탄, 중국 등 7개국으로 구성된 '중앙아시아 사막화 방지 전략회의'가 열렸을 때, 회의에 참석한 대표들이 푸른아시아 조림지를 방문했다. 56명으로 구성된 정부 대표 및 유엔 관계자들은 하루 종일 조림지를 둘러보고 주민들과 대화를 나눈 후 이렇게 요구했다.

"사막화를 막기 위해 나무를 심는 사례는 많이 봤지만 빈곤까지 낮춘 모델은 이곳에 와서 처음 봤습니다. 우리 나라도 행정적 지원을 해줄 테니 이 모델을 도입시켜주세요."

많은 국가가 기후 변화 대응과 빈곤 저감 효과가 있는 공동체 모델을 배우고 싶어한다. 이 모델이 다른 곳에서도 잘 뿌리내려서 주민들에게 도움이 되기를 바란다. 성공 경험을 공유하는 것은 연대의 기초가 된다는 점에서도 매우 중요하다. 단순히 나무를 심는 것만이 아니라 기후 변화 대응과 문제 해결을 위한 아이디어, 대안, 정책, 모델, 자원, 사람들의 왕래가 가능한 모델을 만들고 공유해야 한다.

여기서 분명히 말하고 싶은 것은 이 관계망이 가난한 나라를 돕기 위한 구호기구나 온정에 기댄 인도주의 운동이 되어서는 안 된다는 점이다. 기후 변화의 책임이 있는 나라는 책임을 지고, 피해 국가는 자신의 권리를 행사하는 자리여야 한다. 피해국이니까 주는 대로 받겠다는 수동적인 태도는 바람직하지 않다. 스스로 문제를 발견하고, 왜 발생했는지도 밝혀야 한다. 몽골과 미얀마의 사막화, 필리핀의 슈퍼태풍, 한국의 황사와 폭염, 모두 기후 변화가 불러온 재앙이다. 그럼에도 원인이 무엇인지, 누구에게 가장 큰 책임이 있는지, 어떻게 해결할지에 대해서 한 국가나 지역이 개별적으로 입증하고 대안을 마련하기란 쉽지 않다. 하지만 전 아시아를 아우르는 기구가 있다면 충분히 가능한 일이다.

다행히 참고할 만한 선례가 있다. 2005년에 만들어진 테라프리카

(Terrafrica)다. 땅이라는 뜻의 '테라(Terra)'와 아프리카(Africa)를 합성한 이름이다. 테라프리카는 기후 변화와 사막화로 인한 아프리카의 여러 문제를 해결하기 위해 아프리카와 유럽 각국의 정부, 기업, 유엔, 세계은행, 아프리카개발은행, NGO가 모여 만든 기구다. 기후 변화와 사막화로 인한 문제를 해결하기 위해 아이디어, 정책, 대안, 모델을 '공유'한다는 목표를 가지고 활발히 활동 중이다. 테라프리카의 목표에서 눈여겨볼 부분은 단순한 지원이 아니라 '공유'에 중점을 두고 있다는 것이다. 공유는 주민들이 수동적으로 도움을 받는 대상에 머물지 않고 스스로 문제 해결 능력을 키울 수 있게 해준다. 또 각 국가와 지역이 기후 변화에 함께 대처하므로 효율적이다.

테라프리카의 의미를 아시아에 적용한다는 뜻에서 '테라시아(Terrasia)'라는 명칭을 붙여보았다. 사실 명칭보다는 테라프리카의 '연대'와 '공유'를 배우는 것이 핵심이다. 어떤 명칭이건 기후 변화, 사막화, 환경 난민, 가뭄 문제에 대응할 수 있는 아시아 차원의 플랫폼을 만드는 것이 중요하다. 여기에는 한국, 중국, 대만, 일본, 몽골, 미얀마, 필리핀, 북한, 인도네시아, 베트남 등 기후 변화에 책임이 있는 나라와 피해 지역이 모두 포함된다. 아시아는 유럽과 달리 정부 간 협력의 경험이 부족하다. 따라서 정부 주도로 일을 진행하기보다 시민단체, 종교 네트워크, 지방자치단체가 먼저 만나고 차츰 정부도 참가하게 되지 않을까 한다.

테라시아는 결국 아시아의 땅을 살리기 위한 프로젝트이자 운동이 될 것이다. 인간이 섭취하는 에너지원의 99.7퍼센트가 땅에서 나온다. 그러므로 땅을 살리는 것은 곧 사람을 살리는 일이다.

그런데 미얀마, 몽골, 필리핀에서 피해를 당한 사람들만 환경 난민이라고 할 수 있을까? 한국에서도 기후 변화로 고생하는 사람이 많다. 해마다 가뭄으로 고생하는 농민들의 피해가 가장 크다. 가뭄이 심하면 농사짓는 사람들은 빚을 내서라도 지하수를 판다. 지하수를 끌어올려서라도 농사를 지으려 하지만 연속되는 가뭄을 감당하기 힘들다. 그런가 하면 비가 내리지 말아야 할 가을과 겨울에 비가 많이 내리는 바람에 곶감에 곰팡이가 피어 한 해 농사를 망치기도 한다. 어촌에서는 수온 상승으로 물고기가 잡히지 않고 양식장 물고기가 떼죽음을 당해 어민들의 시름이 깊어지고 있다. 이들의 삶이 환경 난민과 무엇이 다른가? 그러므로 테라시아는 다른 사람을 돕는 일일 뿐만 아니라 우리 스스로를 위한 일이기도 하다.

소비자여, 단결하라

현재의 소비 습관, 현재의 의식, 현재의 산업구조, 현재의 생활방식으로는 기후 변화 문제를 해결하기 어렵다. 혁명적인 변화가 필요하다. 혁명적인 변화는 어떻게 가능할까? 사람들은 흔히 풍력이나 태양광 같은 신기술이 혁명적 변화를 가져오리라고 믿지만, 혁명의 근본은 새로운 행동양식이다. 사람들의 행동양식이 달라지는 게 먼저이고 기술이 이 변화를 수용하는 것이다. 우리가 앞서서 겪은 정보화 혁명도 그랬다. 정보화 기술을 받아들여서 혁명이 이루어진 것이 아니라 먼저 행동의 변화가 있었고, 기술은 이런 변화를 수용했을 뿐이다. 기업도 컨설턴트가 새로운 기법과 기술을 소개하면서 '수용해주십시오' 해서는 혁신이 일어나지 않는다. 구성원이 행동을 바꾸어야 한다.

현대인은 에너지 없이는 단 하루도 견딜 수 없다. 이처럼 에너지 중독에 빠진 현대인들이 달라질 수 있을까? 개인의 행동은 변화할 수 있을까?

기후 변화 문제를 해결하기 위해서는 우리가 '스마트'해져야 한다. 기후 변화를 일으킨 주범은 화석연료에 의존하는 산업구조와 화력발전소다. 대량생산 대량소비는 100퍼센트 기후 변화를 가져온다. 또 기업은 대단히 탐욕적이어서 끝없이 이익을 짜내기 위해 생산과 소비를 멈출 생각이 전혀 없다. 그렇다고 해서 저대로 내버려둬야 할까? 그러면 자본주의와 인류와 지구 생명이 다 함께 장렬히 사라지게 될 것이다. 우리가 함께 살아남기 위해서는 기업에 책임과 의무를 물어야 한다. 기업에게 책임과 의무를 물을 수 있는 존재, 기업과의 관계에서 힘을 발휘할 수 있는 존재가 바로 소비자다.

소비자의 권리를 자각한 똑똑한 소비자가 많아지고 있다. 내가 구입하고 소비하는 물건이 온실가스를 배출하며, 온실가스는 지구에 나쁜 영향을 준다는 사실을 알고 온실가스를 줄인 제품을 사겠다고 생각하는 소비자들이 있다. 이들이 함께 행동하면 기업을 변화시킬 수 있다. 구성원 개인은 작은 실천도 지속하기 어렵지만 소비자로서의 개인은 사회를 변화시킬 만큼 힘이 세다. 특히나 커뮤니티 속에서 개인은 기후 변화가 할퀴고 간 폐허를 다시 살릴 수 있는 강한 존재다.

우리 모두가 나무를 열 그루씩 심는다면

2004년 4월, 나는 혼자 남았다. 그동안 함께 일하던 네 명의 활동가들이 단체를 떠났다. 푸른아시아가 추구해온 기후 변화, 사막화, 환경 난민, 황사, 이런 주제는 당시 한국 사회의 관심사가 아니었다. 기후 변화에 대해 친구들에게 이야기하면 100년 뒤 혹은 1,000년 뒤에나 일어날 일을 괜히 걱정한다고 핀잔을 듣곤 했다. 그동안 함께 해온 활동가들도 이런 무관심에 지쳐 다른 곳으로 떠나고 말았다.

나는 동료들에게 여러 차례 간곡하게 사정을 했다. 조금만 더 참아보자고. 어렵더라도 우리가 해야 할 일이 아니겠느냐고. 그러나 돌아온 대답은 차가웠다. 심지어 한 활동가는 "선배님도 이제 그만두는 게 낫지 않겠느냐"라고 조언을 해주었다.

혼자 사무실에 남게 되니 눈앞이 캄캄했다. 모든 것을 새로 시작해야 했다. 그렇게 6개월이 지나갔다. 마침 그때, 나에게 용기를 준두 가지 사건이 발생했다.

2004년 10월 단체 통장을 정리하다 보니 후원금 183만 7,302원을 보내주신 분이 있었다. 광명에 있는 소하어린이집 곽온 원장님이 보낸 것이었다. 너무나 고마워서 곽 원장님에게 전화를 했다. 고맙다는 인사와 함께 궁금한 점을 여쭈어보았다. "보내주신 후원금 끝자리가 2원이던데요?" 곽 원장님은 "이번 달 내가 받은 월급을 그대로 보내서 그럴 겁니다."라고 대답했다.

나는 그다음 말을 잇지 못했다. 하염없이 눈물이 나서 말이다. 한 달간 자신이 일한 땀과 노력을 그대로 보내주신 곽 원장님은 나에게 말없는 메시지를 보낸 것이다. 그것은 그저 한 달치 월급이 아니었다. 용기와 희망과 헌신을 몸소 보여준 것이다. 피할 수 없는 운명이라고 해야 할지 모르겠다. 이날 곽 원장님이 보낸 2원은 불씨가 되어 내 가슴속을 지피기 시작했다.

그리고 한 달이 지나지 않아 또 한 사람이 들려준 이야기는 나약했던 나에게 꿈과 목표를 심어주었다. 그 사람은 케냐 출신 왕가리 마타이 여사였다.

왕가리 마타이 여사는 사막화되어가는 아프리카 땅을 살리기 위해 나무 3,000만 그루를 심은 사람이다. 2004년 노벨평화상을 받으면서 그가 한 연설을 나는 잊을 수 없다.

"숲에 불이 나면 모든 동물이 도망갑니다. 그런데 달아나지 않고 숲을 지키는 동물이 있습니다. 바로 벌새인데요. 손가락 한 마디 정도밖에 되지 않는 이 작은 새는 숲에 불이 나면 개울가에서 그 작은 부리로 물을 머금고 와서는 불붙은 나무 위에 뿌립니다. 숲을 집어삼킬 수도 있는 큰 불에 비하면 벌새의 이런 행동이 하찮게 보일 수도 있습니다. 나는 이 벌새에게서 인류가 가야 할 길을 찾을 수 있다고 생각합니다. 60억 인류가 벌새가 되어 한 사람 한 사람이 평생 나무 10그루를 심는다면 지구온난화 문제를 해결할 수 있다고 봅니다."

단체 사무실에 혼자 남은 내 모습은 참으로 보잘것없는 벌새 한 마리였다. 심지어 나의 절망을 또렷하게 이해할 수도 있었다. 2004년 당시 기후 변화가 일어나고 있는 현장에서 활동하는 사람은 지구촌을 통틀어 몇 명 되지 않았다. 기후 변화에 대한 이야기는 저명한 영화배우, 미국 부통령, 유명한 사업가, 과학자 들이나 하는 꽤 고급스러운 이야기였다. 그러나 기후 변화와 사막화가 일어나는 현장은 그런 고급스러운 담론의 장소가 아니었다. 모든 재산을 잃은 난민이 아프리카, 아시아에서 대규모로 발생하고 있었다. 땅이 황폐화되면서 식량과 물 문제로 식량폭동과 내전이 일어나는 아수라장이었다. 이런 아수라장에서 대안을 찾아 활동하는 사람은 정말 한 줌도 안 되는 소수에 불과했다. 이들이 벌새였던 것이다.

나무에 물 한 모금이라도 뿌리려고 날아다니는 벌새가 있는 숲은 희망이 있다. 마찬가지로 나무를 심고 숲을 만드는 사람들이 있는 한, 지구에는 희망이 있다고 나는 믿기 시작했다.

문제가 크다면 해결책도 커야 한다

2005년 한 해 동안 나는 '30년 계획'을 세웠다. 1년 동안 꼬박 기후 변화 문제를 해결하기 위한 로드맵을 만드는 데 매달렸다. 달리

다른 도리가 없었다. 로드맵을 만들면서 함께할 사람들을 만나기 시작했다. 그러면서 다양한 역량을 갖춘 열정적인 분들을 만날 수 있었다. 그분들을 내가 찾아냈다고 생각하지 않는다. 평소 치열하게 대안을 찾던 분들이 나를 만나준 것이라고 생각한다. 정말 고마운 분들이다.

그분들과 함께 푸른아시아 활동을 다시 시작한 지 10년이 지났다. 2017년 현재 한국, 몽골, 미얀마에서 70명의 상근 활동가와 150가구 주민들이 푸른아시아 소속으로 활동하고 있다. 초기 기후 변화 현장 활동가들은 정말 소수였지만 계속 확장되고 있다. 또 아시아 26개 나라에서 시민단체와 종교계 지도자들이 기후 변화 현장을 바꾸기 위해 협력하면서 노력하고 있다. 아시아종교간기후생태네트워크(Inter-Religious Climate & Ecology Network) 등으로 현장 활동가와 주민들이 모이고 있는 것이다. 이들은 기후 변화 해결을 위한 최선의 아이디어, 성공 모델, 자원을 공유하기 위해 노력하고 있다.

문제는 실질적으로 기후 변화에 책임이 있는 선진국 정부와 대자본을 움직이는 힘 있는 소수 엘리트는 움직이지 않고 있다는 것이다. 이들은 지구가 더워지는 것에 관심이 없다. 다만 돈이 되는 일에 관심을 두고 부지런히 움직일 뿐이다.

문제가 크다면 해결책도 커야 한다. 그래야 전환이 가능하다. 매년 신기록을 세우는 지구 평균 기온은 머지않아 2°C 상승을 돌파할 태세이고, 그렇게 되면 지금 우리가 겪는 많은 문제가 극단적으로 심화될 수밖에 없다. 그 질주를 막을 방법이 지금 우리에겐 없다.

그런데도 희망을 말할 수 있을까? 유엔이나 세계은행 같은 국제기구는 숫자를 내보이며 인류에겐 아직 희망이 있고 문제가 개선되고 있다고 말하지만, 현실은 전혀 그렇지 않다. 지구의 상태는 악화되고 있고, 가난한 사람들은 더 가난으로 내몰리고 있다. 우리를 위로하는 것은 수치상의 변화일 뿐이다.

절망해야 할 때 절망하지 않고 막연한 희망을 갖는 것은 너무 위험하다. 현실을 직시하지 않으면 잘못된 방향을 바로잡을 기회를 영영 놓쳐버리고 만다. 막연한 희망은 미래에 대한 두려움에서 나온다. 두렵기 때문에 작은 희망의 끈이라도 잡은 채 안심하고 싶은 것이다. 두려움은 현실을 제대로 볼 수 없게 만들고, 잘못된 판단을 내리게 한다. '설마 기온이 오른다고 지구가 망하기야 하겠어?', '온실가스 발생시켜도 괜찮아, 언젠가 해결되겠지', '에너지 많이 써도 기술이 발전하니까 어떻게든 해결될 거야' 하며 근거 없는 희망을 갖게 된다. 더 많은 에너지를 쓰면서, 배기가스를 더 많이 내뿜으면서 이처럼 막연한 희망을 품는 것은 분명 잘못이다. 이것은 진짜 희망이 아니라 가짜 희망이다.

절망적인 상황에서는 처절하게 절망해야 길을 찾을 수 있다. 지금 우리에게 필요한 것은 희망으로 가장한 두려움보다는 정직한 절망이다. 현실은 절망적이지만 한 발 한 발 나아가야 한다는 마음, 이것이 우리에게 남은 희망이 될 수 있을 것이다.

파괴하는 존재에서 살리는 존재로

'내일 지구의 종말이 올지라도 나는 오늘 한 그루의 사과나무를 심겠다.' 어떻게 스피노자는 이런 멋진 말을 남겨서 이 위기의 시대에 우리에게 대안을 제시해주는지 놀랍기만 하다. 바로 이 같은 자세가 위기의 시대 최선의 대안일 것이다.

왕가리 마타이는 2006년 '1인 10그루 나무 심기 운동'을 주창하면서 인터넷에 사이트를 개설했다. 세계 각지에서 수많은 사람이 나무를 심고 인증 사진을 올렸는데, 1년도 되기 전에 그 사이트에서만 10억 그루 나무 심기가 이루어졌다. 푸른아시아도 이때 몽골에 3만 그루를 심으며 이 운동에 동참했다. 그러나 아쉽게도 2011년 왕가리 마타이 사후 운동이 중단되었다.

푸른아시아는 테라시아를 통해 10억 그루 나무 심기 운동이 다시 이어질 수 있기를 바란다. 이것은 아무것도 없이 맨땅에 헤딩하듯 시작하는 운동이 아니라 이전에 성공을 경험해본 운동이다. 그래서 나무 심기를 통해 사람들이 어떻게 변화하고 세상이 어떻게 달라질 수 있는지 어느 정도 예측해볼 수 있다.

나무를 심는 일은 온실가스를 빨아들이고 산소를 만드는 일, 그 이상의 의미가 있다. 나무를 준비하고, 흙을 깊게 파서 뿌리가 다치지 않게 심고 물을 줘본 사람은 알 것이다. 나무를 자라게 해줄 흙과 물과 햇빛을 살피는 마음, 나무가 튼튼히 뿌리내리고 푸른 잎사귀가 나오기를 바라는 마음이 자기도 모르게 생겨난다. 나무 한 그루를 심고 관리하다 보면 어느새 내 가슴에도 푸른 나무 한 그루가 자라는 경험을 하게 될 것이다. 지금까지 자연을 파괴하는 존재였던 인간이 나무를 심으면서 생명을 살리려는 마음을 갖게 되는 것이다. 이런 점에서 나무 심기 운동은 '파괴'에서 '살림'으로 인간의 의식을 진화시키는 운동이 될 수 있다. 의식의 진화는 필연적으로 에너지 중독에 빠진 생활방식도 변화시킨다.

기후 변화 문제는 의식의 진화, 생활방식의 변화 없이 해결할 수 없다. 따라서 나는 '나무 10그루 심기 운동'을 아시아에서부터 실천하기를 제안한다. 인류의 10%만 움직여도 이 진화가 공명현상을 일으키리라고 본다. 일생에 걸쳐 10그루 나무 심기를 실천한 사람들이 모이고, 그 수가 많아질 때 인류의 의식은 더 많이 진화할 것이다. 이러한 집단지성이 문제를 해결하는 데 결정적인 역할을 할 것이다. 그러므로 나무를 심는 것도 중요하지만, 이보다 더 중요한 것은 나무를 심으면서 갖게 되는 생각과 행동의 변화이다.

벌새 한 마리는 미약하지만 수백만, 수천만이 모이면 큰 힘을 발휘한다. 마찬가지로 우리 한 사람 한 사람은 힘이 없지만, 모여서 연대하고 커뮤니티를 형성하면 막강한 힘이 생긴다. 그 힘으로 함께 나아갈 때 새로운 길이 열리고 세상이 달라진다. 커뮤니티가 만들어지고 모이다 보면 지구 환경을 외면하고 이윤만 추구하는 기업을 변화시킬 수 있다. 탄소세를 도입하고 환경 정의를 실현하도록 정부에 압력을 행사할 수도 있다.

10억 그루 나무를 심는 운동은 사실 기후 변화를 일으킨 대자본이라는 뿌리에서 공동체의 뿌리로 인류가 이동하도록 길을 만드는 운동이다. 마침내 인류가 거대한 전환을 하려면 하늘의 별만큼 많은 벌새가 지구촌 여기저기서 행동해야 하지 않겠는가?

끝으로 원고 작업을 도와준 박지윤 님과 이윤경 님, 초고를 끝까지 읽고 세세한 의견을 건네준 푸른아시아 상근 활동가들께 감사드린다. 또 그동안 함께 고생하며 애쓴 푸른아시아 해외지부 활동가들과 주민들, 언제나 따뜻하게 응원해주는 푸른아시아 회원 여러분께도 깊이 감사드린다. 그리고 견디기 힘든 활동가의 삶을 즐거운 마음으로 함께하며, 이 책의 내용에 세심한 의견을 준 아내 고영란 님에게 감사드린다.

오 기 출

왜 낯선 땅 몽골에서 숲을 가꿀까?

마른 먼지가 풀풀 날리는 땅에 양동이 한 가득 담긴 물을 와락 쏟아 붓자, 땅은 목이 말랐다는 듯 단숨에 물을 흡수해 버렸다. 어느새 물기가 촉촉해진 구덩이에 어린 묘목의 뿌리를 바르게 세우고 흙을 잘 덮어주고 발로 꼭꼭 밟아 정성껏 심었다. 그리고 주문을 외웠다.

"잘 자라라. 부디 거목으로 자라 울창한 숲이 되어라."

이렇게 사막화된 땅 몽골에 내 나무가 생겼다. 사방을 둘러보면 저 멀리 아득히 보이는 산과 누런 들판뿐, 가도 가도 똑같은 풍경이 끝없이 이어지는 이곳에 내가 심은 나무가 들어서자 사뭇 새로운 공간으로 다가왔다. 이곳은 그저 그런 낯선 외국 땅이 아니라 내 나무가 자라는 땅, 나도 숲을 가꾸는 일에 한몫했다는 기쁨과 자부심이 감도는 기대의 땅으로 변했다.

십 년 후 이곳에 다시 오면 이 땅은 어떻게 변해 있을까? 내 나무는 과연 모래땅에서 꿋꿋하게 잘 자라고 있을까? 백 년 후에는 어떻게 변해 있을까? 온갖 상상의 날개가 벌써 저만치 앞서 달려갔다.

몽골을 표현하는 말은 무척 다양하다. 초원에 대제국을 건설했던 용맹한 칭기즈칸 후예들의 땅, 수백 마리 말과 양을 몰고 초원을 누비며 목축하는 유목민의 땅, 쏟아져 내릴 것 같은 초롱초롱한 별빛이 숨 막힐 정도로 반짝이는 곳, 뿐만 아니라 늑대와 여우, 독수리 같은 야생동물의 천국으로도 유명하다.

그런데 몽골의 얼굴이 달라지고 있다. 몽골은 어느새 황사의 발원지이자, 기후 변화의 피해를 매우 크게 받고 있는 환경 난민들의 땅이라는 새로운 얼굴로 우리 앞에 나타났다.

기후 변화가 점점 심해지자 몽골에는 비가 적게 내리고, 땅에 있던 수분 증발량은 늘고, 물을 머금고 있던 숲마저 줄어들면서 여름이 오면 어른 무릎까지 자라던 초원의 풀이 이제는 발뒤꿈치 정도로 겨우 자랄 뿐이다. 2010년 몽골 정부의 자료를 보면 호수 1166개, 강 887개, 샘 2096개가 말라버렸다. 유목민들은 가축에게 물을 먹이기 위해 점점 더 먼 거리를 이동해야 하고, 초원의 풀도 예전만큼 무성하지 않아 위기감을 느끼고 있다.

이렇게 몽골이 황사의 발원지이자 환경 난민들의 땅이 된 것은 이들의 탓이 아니다. 더 많은 에너지를 소비하고 이산화탄소를 배출해온 주변 산업국가들 때문이다. 몽골 사람들이 배출하는 이산화탄소의 양은 적지만 몽골이 받는 피해는 매우 크고 직접적이다.

알다시피 기후 변화의 피해는 이제 몽골만의 문제가 아니다. 그렇다면 우리는 지금 무엇을 어떻게 해야 할까?

무모한 도전, 그리고 놀라운 변화

2000년 무렵부터 이 문제를 앞서 주목한 이가 있었다. 푸른아시아 오기출 사무총장은 아시아의 문제를 폭넓게 공부하다가 몽골의 환경 얘기를 듣고, 사막화된 몽골 지역으로 날아가 나무를 심기 시작했다. 내 땅도 아니고 심지어 우리나라 땅도 아닌 곳에 나무를 심고 묵묵히 조림장을 가꾸었다. 황사와 기후 변화 문제를 걱정하고 토론만 할 것이 아니라 직접 숲을 가꿔서 피해를 줄이는 적극적인 행동을 하자고 마음먹은 것이다.

우리나라 역시 이산화탄소를 많이 배출하여 기후 변화 위기에 한 몫하고 있기 때문에 이런 문제를 외면할 수는 없었다. 그러나 낯선 땅에서 나무를 가꾸는 건 말처럼, 생각처럼 쉽지 않았다. 어쩌면 그것은 무모한 도전이었다.

오기출 사무총장과 푸른아시아 식구들, 자원봉사자들이 몽골까지 날아가서 공들여 나무를 심었지만 처음 3년 동안 살아남은 나무는 거의 없었다. 유목민들은 어린 나무를 홀랑 뽑아버리기도 하고, 잘 가꾼 조림장 안으로 가축을 풀어 나뭇잎을 모조리 뜯어먹게 하기도 했다. 한곳에 정착하지 않고 초원을 누비는 유목민들에게 나무란 거추장스런 장애물일 뿐이다. 농사를 짓거나 경작을 하지 않으니 그 노력과 정성을 알 리 없고, 외국인들이 심은 파릇파릇한 나무는 그저 가축의 좋은 먹이일 뿐이었던 것이다.

이 조림장이 어떤 곳이란 말인가! 푸른아시아 회원들이 십시일반 모은 기금을 가지고 몽골에 찾아가서 몽골 정부와 땅을 계약하고,

조림장에 울타리를 치고, 지하수를 파서 물을 끌어올리고, 거친 땅에 구덩이를 파고 묘목을 심기까지 얼마나 많은 난관을 넘어야 했던가.

각고의 노력을 다해 심어놓은 나무는 마음만큼 잘 자라주지 않았다. 나무 심기를 이해하지 못하는 유목민만의 문제가 아니었다. 애써 심은 나무를 관리하지 않아 묘목은 그냥 죽어버리고 구덩이 흔적만 남은 경우가 허다했다.

이런 시행착오를 3년간 반복해 겪으면서 오기출 사무총장은 나무를 심는 것도 중요하지만 가꾸고 관리하는 일이 더 중요하다는 것을 깨달았다. 무엇보다 주민들로 구성된 마을 공동체의 참여와 관심을 이끌어내는 교육이 매우 중요하다는 것을 깨달았다. 이후부터는 나무를 심고 가꾸는 일에 몽골 사람들을 참여시켰다. 유목민과 인근 학교 아이들에게 환경 교육도 실시했다. 그러자 조림장 주변에 정착해서 나무를 심고 물을 주거나 경비를 맡는 정착민들이 생기기 시작했다. 이제 주민들은 과실수를 심어 판매 수익을 올리기도 한다.

묘목을 키우는 일도 눈물겨웠다. 땅을 일구고 비닐하우스를 지어 씨앗을 뿌리거나 꺾꽂이, 가지치기 같은 방식으로 어린 묘목을 가꿨다. 한국인 나무전문가가 장기간 머물면서 몽골 땅과 환경에 적응할 수 있는 가장 적합한 수종을 고르고, 바람이 강한 건조 지역에서도 잘 키울 수 있는 방법을 찾기 위해 애를 썼다.

그뿐 아니라 몽골 정부와 지방 정부 담당자를 만나 도움을 요청하고, 주민들을 설득하여 지방정부의 변화를 유도하기도 했다. 나무심기와 여행을 곁들인 에코투어 프로그램을 해마다 열어 한국인 자원봉사자들에게 몽골에서 직접 나무를 심을 수 있는 기회를 제공하기도 한다. 이렇게 가꾼 조림장은 바얀노르와 바가노르, 에르덴, 만달고비 등 7곳으로 늘었다.

우리가 할 수 있는 일은 하늘의 별만큼 많다

오기출 사무총장이 푸른아시아 활동가들과 함께 2007년부터 주민자립 모델을 만들기 위해 조림장을 가꾼 곳은 울란바토르에서 서쪽으로 200킬로미터 거리에 있는 바얀노르 지역이다. '호수가 많은 곳'이라는 뜻을 가진 바얀노르가 어느 날 모래땅만 남은 사막화 지역으로 바뀌었다. 여기에 잘 가꾼 조림장이 여러 곳 들어섰다. 내가 이곳을 방문했을 때는 새로운 조림장을 더 만들기 위해 몽골 주민들이 24헥타르(7만 2000평) 땅에 뚝딱뚝딱 울타리를 치는 작업이 한창이었다. 너른 땅에 사각형으로 울타리를 쳐야 조림장 위치를 확인할 수 있고, 짐승들이 함부로 들어와 어린 묘목을 밟거나 뜯어먹는 것도 막을 수 있기 때문이다. 다리가 아플 정도로 한참 걸어야 하는 24헥타르 땅을 바라보고 있노라니 문득 이런 생각이 들었다.

'만약 나에게 24헥타르 땅이 생긴다면 무엇을 할까? 집을 지을까? 텃밭이나 농장을 일굴까?' 대부분의 사람들은 나처럼 나만의 공간, 나만의 유토피아를 가꾸려고 하겠지? 그런데 이 땅에서 황사를 막기 위해, 기후 변화 문제를 해결하기 위해, 우리 공동의 이익을 위해 숲을 가꾸고 있는 이들은 얼마나 대단한 사람들인가. 누가 알아주던 말던 묵묵히 나무를 심고, 황량한 초원에 숲을 가꾸는 이들의 우직함이 더욱 위대하게 느껴졌다.

해마다 변덕스러운 날씨와 기후 변화에 관한 뉴스는 언제나 우리를 허탈하게 만들고, 절망에 빠지게 한다. 우리에게 닥친 위기는 급격하고도 심각하지만 내가 실제 행동할 수 있는 방법은 미미하게만 느껴진다. 때로는 '나 하나 노력한다고 되겠어?'라는 핑계를 대면서 이 골치 아픈 문제를 회피하고 싶어진다.

만약 지금 당신이 이런 상태라면 푸른아시아의 문을 '똑똑' 두드려보라. 우직하고 뚝심 있는 오기출 사무총장을 만나보시라. 몽골 땅에 당신의 특별한 나무를 심어보라. 그리고 이 책을 마음 맞는 이들과 함께 읽어보시라. 우리가 할 일은 지구촌 곳곳에 너무나 많고, 내가 세상을 향해 긍정의 기운을 퍼트릴 수 있는 방법은 하늘의 별만큼이나 많다는 사실을 알게 될 것이다.

박경화《고릴라는 핸드폰을 미워해》저자

한 그루 나무를 심으면 천 개의 복이 온다

초판 1쇄 인쇄 2017년 4월 27일
초판 5쇄 발행 2024년 7월 10일

지은이   오기출
펴낸이   문채원
편집   오효순
디자인   이창욱

펴낸곳   도서출판 사우
출판   등록 2014-000017호
전화   02-2642-6420
팩스   0504-156-6085
전자우편   sawoopub@gmail.com

ISBN 979-11-87332-09-1   03300

이 도서의 국립중앙도서관 출판예정도서목록(CIP)은 서지정보유통지원시스템 홈페이지(http://seoji.nl.go.kr)와
국가자료공동목록시스템(http://www.nl.go.kr/kolisnet)에서 이용하실 수 있습니다.(CIP제어번호: CIP2017008149)

한국출판문화산업진흥원의 출판콘텐츠 창작자금을 지원받아 제작되었습니다.